Die Libelle in der Bonboniere

Florian Zach

DIE LIBELLE IN DER BONBONIERE

Erzählungen

Dein-Lieblingsbuch
Atelier & Verlag

Die Deutsche Nationalbibliothek verzeichnet diese Publikation in der Deutschen Nationalbibliographie. Detaillierte bibliographische Daten im Internet über www.d-nb.de abrufbar.

Dein-Lieblingsbuch Atelier & Verlag
Originalausgabe
252 Seiten, Paperback
ISBN 978-3-00-051173-8
www.dein-lieblingsbuch.com

Für A. M. / Anna / Sebastian.

Die Libelle in der Bonboniere

I. Die schönen Menschen

Laurent

Der Tag, an dem mir mein Abiturzeugnis überreicht wurde, war der beste Tag meines Lebens. Nicht, weil die Freude über das bestandene Abitur so riesig war, sondern, weil mit diesem Tag die Gewissheit einher ging, dass ich den größten Teil meiner Mitschüler nie wieder sehen werde. Dafür nahm ich sogar die Abschlussfeier auf mich.

Ich verkleidete mich. Wir alle verkleideten uns. Ein Maskenball aus Nadelstreifenanzügen und billigen Abendkleidern in Bonbonfarben. So erwachsen fühlten wir uns. Niemand von uns war wirklich erwachsen. Aber wir trugen Nadelstreif und Bonbonpapier. Die Gewissheit, diese Gesichter nicht mehr sehen zu müssen, brachte mich sicher durch die vierstündige Abschlussveranstaltung.

Während die meisten meiner Mitschüler die Abiturzeit ausschließlich überlebt hatten, gab es auch einige, die für ihre besondere Leistung vom Schulleiter ausgezeichnet wurden. Sie schlossen das Abitur mit sehr gut ab.

Erhielten dafür einen Händedruck, ein Geschenk, aber keine Karrieregarantie.

Da war Nadine. Name geändert. Sie war klein und sah eigentlich ziemlich dumm aus. Wenn sie betrunken war, machte sie mit jedem rum, der ihr unter die Nase trat. Sie trug ein weißes Kleid und Beton im Gesicht. Ich kannte sie nur vom Sehen. Und meist erkannte ich sie nur an ihrem Make-up wieder, mit dem sie jedem Travestiekünstler locker hätte Konkurrenz machen können. Sie schloss das Abitur mit sehr gut ab; erhielt einen Händedruck und Applaus. Ich kann sie nicht leiden. Später habe ich gehört, dass sie aus drei Studiengängen geworfen wurde.

Nadine war eine Schlampe. Sie trieb es mit jedem. Also, wohl auch mit Laurent. Name geändert. Laurent war auch sehr gut und fast achtzig Prozent der weiblichen Schülerschaft konnten das bestätigen. Die Mädchen himmelten ihn an. Die Jungs wollten ihn als Kumpel haben. Trotzdem glaubte ich, dass er schwul sei. Er trug einen Markenanzug und fuhr mit seinem neuen BMW zur Abschlussfeier vor. Ich dachte, dass er bestimmt so einen Kleinen hat.

Laurent war charmant; alle liebten sein Geschwätz. Ich nicht. Ich wandte mich immer ab. Meistens hatte ich etwas auf dem Herd stehen. Das stimmte natürlich nicht. Man hat nie etwas auf dem Herd stehen. Nach dem Abitur war er es, der durch Neuseeland reiste und dann Wirtschaftswissenschaft studierte. Wirtschaft war sein schlechtestes Abiturfach. Natürlich schreibt er einen Food-Blog. Er isst aber am liebsten Pizza.

Unsere Schulband sang zum Abschluss ein pathetisches Lied. Zum Glück nicht *Time to say goodbye*. Manche heulten. Andere rutschten ungeduldig auf ihren Stühlen hin und her. Ich verschwand, noch bevor die Band den letzten Refrain anstimmte.

Fünf Jahre später. Ich sollte mich wieder verkleiden. Lasse es aber. Trage eine enge Jeans, ein weißes Shirt und eine Kette. Heute Abend steht ein Klassentreffen an. Die anderen werden sich wohl wieder in Bonbonpapier hüllen. Ich lasse mich mit dem Taxi zu meiner alten Schule bringen und könnte brechen. Zugleich freue ich mich auf das Gerede. Der einzige Grund, warum man überhaupt ein Klassentreffen besucht.

Im Foyer stehen bereits die ersten Gesichter, mit Sekt in der Hand, beim Smalltalk zusammen. Laurent ist mitten unter ihnen. Früher trug der Skinny-Jeans. Heute Krampfadern. Seine Haut sieht alt aus und sein Hemd hebt sich über seinen Bauchansatz. Nadine ist nicht gekommen. Irgendwie schade. Ihr Betonlächeln fehlt in dieser Parade.

Alle reden vom Abitur. Der guten Zeit. Im Rückblick neigt der Mensch wohl dazu, sich immer nur an das Schöne erinnern zu können. Die gute Zeit. Ich lausche dem Geblubber noch einige Minuten. Satzbrocken werden zu einem Durcheinander aus Desinteresse und Angeberei. Alle haben an der Oberfläche Spaß. Und zupfen sich an den Krawatten und Kleidern. Die Mädchen verlagern ihr Gewicht vom linken ins rechte Bein und umgekehrt. – Die Schuhe drücken.

Die Lehrer machen immer noch dieselben Witze und sehen abgefuckter aus als je zuvor. Ich nehme noch einen Schluck eines völlig unterzuckerten Getränkes. Dann verschwinde ich.

Nachdem ich die Tür hinter mir geschlossen hatte, hörte ich, dass jemand nach mir rief. Ich tat so, als ob ich es nicht hören würde. Doch die rufende Person folgte mir und holte mich schließlich ein. Es war Laurent. Er fragte, ob er ein Stück mit mir gehen darf. Nein. Er tat es trotzdem. Dabei nahm er seine Krawatte ab.

Er bedauerte, dass wir an diesem Abend nicht miteinander gesprochen hatten. Aber ich hatte mit niemanden ernsthaft gesprochen. Mir war das alles egal. Auf seinem Handy zeigte er mir ein Bild unserer Abschlussfeier. Ich drückte es weg. Denn ich war nicht darauf.

»Was hast du nach dem Abitur gemacht?«
»Das interessiert dich doch nicht wirklich. Es interessiert niemanden wirklich. Und das muss es auch nicht? Abgesehen von mir.«
»Ich weiß. Du hältst mich für dumm.«
»Vielleicht.«
»Du hast Philosophie studiert, nicht?«

Ich fragte ihn, woher er das wisse und bemerkte, dass wir schon ein gutes Stück zusammen gegangen waren. Laurent fügte an, dass er davon zwar keine Ahnung habe, aber es sehr interessant finden würde. Er spricht davon, wie wichtig so etwas doch für unsere Kultur sei und dass er schon immer wusste, dass ich irgendwann mal etwas Verrücktes studieren würde. Ich denke mir, dass Philosophie nichts Verrücktes ist, sondern einfach nur alt.

»Warum sprichst du mit mir?«
»Nach so langer Zeit. Du magst mich nicht. Ich weiß. Aber das ist nun lange her.«
»Ich halte es für eine gute Idee, diese lange Zeit einfach eine lange Zeit sein zu lassen.«

Keine Reaktion. Als hätte er meine Ablehnung gar nicht bemerkt. Ich fragte mich, warum er denn nur so hartnäckig war. So viel Durchhaltevermögen hatte ich bei ihm gar nicht vermutet. Aber mein Interesse war nicht echt. Es war eher eine Verwunderung.

»Darf ich dir eine Frage stellen?«
»Muss das sein? Okay, eine Frage. Wenn du dann gehst und mich alleine lässt.«
»Alles klar. Verstanden.«
»Die Frage. Bitte. Ich will nach Hause.«

»Ich möchte 365 Sonnenuntergänge sehen. – Würdest du mitkommen und sie mit mir anschauen?«

Ich ging weiter. Laurent folgte mir. – In Erwartung eine Antwort zu bekommen. Ich schwieg. Wir gingen sicherlich über dreißig Minuten, bevor ich mich am Wegesrand ins Gras setzte. Die Hände hinter meinem Kopf verschränkte und den Oberkörper ins Grün legte. Die Beine blieben angewinkelt stehen. Laurent tat es mir gleich. Die Sonne verschwand im Westen. Das war unser erster Sonnenuntergang.

Dämmerung

Wir beide gingen
unseren ganz eigenen Weg,
die Sonne verließ bereits
ihren Zenit, als uns klar wurde,
dass es Leichtsinn ist
getrennt voneinander in die
bedrohliche Dunkelheit
aufzubrechen.
Um uns herum wurde
es langsam Nacht,
nichts sahen wir voraus,
nichts – in tiefer Nacht –
ich habe Angst so allein –
und du?

#gadjiberiDADA

Ich glaube, dass die Sache mit uns begann, nachdem ich dich zum allerersten Mal Mio nannte. Das bedeutet nichts, passte aber gut zu dir und zu uns. Und überhaupt.

Was du mir damals eben nicht verraten hattest war, dass du ein Problem damit hast, dich festzulegen. Trotzdem verliebte ich mich in dich. Ohne zu wissen, dass du mich so ungefähr ein halbes Jahr lang hinhalten wirst, um dann nachwievor nicht zu wissen, wie du eigentlich zu mir stehen sollst. Und das, obwohl es dir ziemlich leicht fiel, mich zu berühren. Oder mich zu küssen.

Nur die Sache, dass ich dich Mio nannte und dass ich dir bestimmt tausend Dinge sagte, die vielleicht zu schrill und kitschig waren, machte dir Angst.

Während ich also so durch mein Leben tanzte, hattest du mir dabei zugeguckt und gemeint, dass man beim Tanzen überhaupt nichts klar sehen kann. Aber das war mir egal, weil ich ehrlich zu dir war und mir tatsächlich eingestand, dass du der Mensch bist, den ich mindestens genauso gerne habe wie mich selbst. Doch du wusstest nicht, wie du damit umgehen sollst.

Trotzdem saßen wir noch monatelang zusammen. Wenn du mir dann immer von den Dingen erzählt hattest, die dich interessieren, bis es dich selbst langweilte oder bis du einfach eingeschlafen warst, hörte ich dir zu. Nicht weil ich mich für deine Erzählungen begeistert hätte, sondern, weil du die Wörter so schön betonen konntest und weil ich dieses gute Gefühl hatte.

Niemand weiß so richtig, was dieses gute Gefühl ist, aber man versteht es sofort, wenn es dann da ist. Und ich hatte dieses gute Gefühl; wenn du meine Hand gehalten hattest und mir die Welt gezeigt hast, weil ich die Welt so überhaupt nicht sehen konnte, weil ich verwirrt bin und weil es deine war.

Irgendwie war das alles genau das, wonach ich suchte und deswegen war es für mich besonders hart, dass du dich nicht festlegen konntest und nicht wusstest, wie du mit dem Tanzen und dem ganzen Kitsch umgehen sollst. Du wolltest dich einfach nicht festlegen. Vielleicht, weil du nichts auslassen möchtest oder weil du wahrscheinlich noch auf jemanden wartest, der viel besser ist, als ich es je sein werde, weil du immer alles optimieren musst und weil du nichts verpassen willst. Und genau das war doch unser Problem.

Du küsst mich oder machst andere Dinge, bis ich wieder dieses gute Gefühl bekomme, um mich dann zehn Tage warten zu lassen. Dann meldest du dich. Und du machst mir wieder Komplimente, denen ich nicht wiederstehen kann, weil ich schwach bin. Dann nenne ich dich Mio. Und tanze, dabei sehe ich alles klar, weil du von meiner Welt genau so wenig verstehst wie ich von deiner.

Der Tag, an dem ich dir dann sagte, dass ich gerne mit dir zusammen wäre, war dann auch der Tag, an dem es aus war. Obwohl wir uns weiterhin trafen und du all diese Dinge gemacht hast und obwohl du mich immer noch geküsst hattest, nannte ich dich nicht mehr Mio. An diesem Tag war es einfach aus. Trotzdem hatte ich immer noch dieses gute Gefühl bei dir. Und überhaupt.

All die schönen Dinge, die nichts nutzen, weil du verpasst hattest dich festzulegen, während ich nicht ewig auf dich warten wollte, weil doch ohnehin alles klar war. Du wusstest alles, und konntest es trotzdem nicht verstehen, weil du einfach nicht tanzen wolltest. Was ich verstehen kann, denn ich würde auch nicht tanzen wollen, wenn ich glauben würde, dass man beim Tanzen nichts klar sieht.

Aber ich denke, dass du es zumindest einmal hättest versuchen können. Nur für dich stand eben bereits fest, dass man beim Tanzen nichts klar sehen kann, weil du mir ja dabei zugeguckt hast und dann hattest du das eben so gemeint. Und überhaupt hattest du immer relativ viel gemeint.

Und ja, ich glaube sogar, dass du mich magst. Aber das hat eben nicht gereicht. Also hattest du dich dafür entschieden, dich nicht festlegen zu wollen. Wahrscheinlich auch, weil es einfacher ist und weil du vor meiner Welt ein bisschen Angst hast, die für dich viel zu laut war.

Oder weil du nicht tanzen wolltest. Oder weil du vielleicht auch gar nicht weißt wie das geht. Und selbst das hätte ich dir gezeigt, wenn du es nur gewollt hättest.

Ich nannte dich Mio, nicht weil das dein Name ist, sondern, weil das meine Art ist, mit der Welt umzugehen. Mio, das hat wirklich gut zu dir gepasst und zu uns. Und überhaupt. Aber du hattest irgendwann verpasst zu tanzen, während ich nicht mehr auf dich warten wollte, weil zwischen uns sowieso alles klar war. Und weil ich nicht einsehe auf dich zu warten, nur weil du Angst hast, beim Tanzen nichts mehr klar sehen zu können. Und eigentlich auch, weil du immer so viel gemeint hast.

Obwohl wir eine schöne Zeit hatten und ich mich in die Betonung deiner Worte verliebt hatte, passten wir nicht zusammen. Weder davor, noch danach. Und weil ich weiß, dass tanzen immer besser ist, als nicht zu tanzen.

Wohnung im Luisenpark, kautionsfrei zum nächsten Ersten

Während es im Luisenpark langsam kalt wurde, lagen wir unter deinem Dach. Wir waren schön und irgendetwas musste passiert sein. Irgendetwas hatte uns unweigerlich zu Dadaisten gemacht. Weil du einfach zum Dadaisten werden musst, wenn du den halben Tag im Luisenpark verbringst und über den ästhetischen Gegenstand sprichst, ohne dabei eine Frage zu haben.

Und während es draußen, im Luisenpark, immer kälter wurde, wurde es unter deinem Dach wärmer. Obwohl das kleine Fenster gekippt war. Und obwohl wir Holunderlimonade mit Eiswürfeln tranken. Dann sagtest du etwas. In C-Dur. Oder F-Dur. Ich weiß nicht mehr genau.

Ich erklärte dir, warum ich dachte, dass du mich für kitschig halten könntest. Also erzählte ich von diesen Lindenblüten. Dem Sonnenaufgang über dem Intershop Tower Und diesem kleinen Stadtgarten im Westen, mit den Villen und der Bank, auf der ich eingeschlafen war. Ich erzählte die ganze Geschichte. Danach wusstest du, dass ich kitschig bin. Aber egal. Manche Dinge sind einfach egal. Hier hattest du mir dann widersprochen. Also diskutierten wir darüber.

Du hattest Kirschen gegessen. – Herzkirschen oder Süßkirschen; ich weiß nicht mehr wie du sie nanntest. Vielleicht nanntest du sie auch einfach nur Kirschen. In jedem Fall hatte ich dir dabei zugeguckt, wie du die Kirschsteine in eine kleine Glasschale gespuckt hattest. Im Anschluss lernten wir uns kennen. Ich zitterte, obwohl ich gar keine Angst hatte.

Und dann war das eben so eine Sache von Sympathie. Und dem Umstand, dass du sagtest, dass ich gut rieche. Auch ein bisschen nach Schweiß. Vielleicht war es aber auch, weil es einfach ein kalter Sommer war oder weil ich gesehen hatte, wie du die Kirschen gegessen hast. Wir waren schön und wir wussten, dass nun irgendetwas passieren musste.

Dann hattest du mich geküsst. In C-Dur. Und ich bin mir sicher, dass es C-Dur war, weil du der Typ dafür bist. Du bist der Typ für Frühstücksbrötchen und Lippenküsse in C-Dur. Während wir uns also kennen lernten, hast du etwas in C-Dur gemacht, obwohl ich schüchtern war, weil du mit deiner Hand meinen Herzschlag fühltest.

Vor dem kleinen Fenster übergab sich der Himmel. Doch so richtig hatten wir das nicht mitbekommen, weil wir uns kennenlernten, gut rochen oder etwas mit C-Dur machten. Danach verabschiedeten wir uns.

Zu Hause hatte ich Lust auf Kirschen; aß aber dann doch lieber Johannisbeeren, weil ich keine Bleikristallschale hatte. Ich dachte an deine Locken und dein C-Dur. Und obwohl ich dir noch erklärt hatte, dass manchmal manches einfach egal ist, war ich mir darüber nun gar nicht mehr so sicher.

Am nächsten Tag zog ich dann in den Luisenpark. Unter diesen Kirschbaum. Und habe damit begonnen Herman Hesse zu lesen. Das wäre also dann der ganze Kitsch.

Kybernetische Depression

Wenn ich mich so angucke, denke ich, dass ich ziemlich allgemein bin. Früher war ich nicht so allgemein. Ich glaube, dass es gut ist, allgemein zu sein, weil es nur das ist, was man selbst über sich denkt. Ein anderer kann mit dir vielleicht nicht umgehen, weil er dich für absolut spezifisch hält.

Dann stehe ich vorm Spiegel und behandle meine Pickel mit Alkohol. Dafür bringe ich ein bisschen vom Alkohol auf ein Wattestäbchen auf und verteile die Flüssigkeit um den Pickel. Ich weiß nicht, ob das etwas bringt. Aber irgendetwas muss man ja machen.

Untätigkeit ist das Schlimmste. Ich verstehe nicht, wie Leute es schaffen, neun Stunden zu schlafen. Ich schlafe nur vier, weil ich das Gefühl habe, dass ich nicht erfolgreich sein kann, wenn ich nicht die meiste Zeit des Tages arbeite.

Meine Theorie zu den Pickeln ist, dass das immer die gleichen sind, die einfach an der einen Stelle verschwinden und an einer anderen wieder auftauchen. Die Kraft dafür saugen sie aus dem Alkohol, den man eigentlich verwendet, um die Dinger wegzubekommen.

Manchmal macht mein Kopf komische Dinge, die ich nicht verstehe. Ich fühle mich dann oft traurig, obwohl eigentlich gar nichts passiert ist. Zum Beispiel, wenn ich zurückgewiesen werde.

Ich kann mit Zurückweisungen nicht umgehen, weil das einfach hart ist, wenn du zurückgewiesen wirst. Im Grunde ist nichts passiert. Denn wie viele Zurückweisungen bekommt man in seinem Leben. Eigentlich müsste man damit Erfahrung haben. Ich kann damit aber nicht umgehen.

Ich stelle mir dann Fragen. Bin ich dünn genug? Schön genug? Bin ich gut genug angezogen? Rieche ich gut? Ist das Parfum zu aufdringlich? Habe ich schön genug gesprochen? Bin ich interessant genug? Intelligent genug? Das meiste betrifft dann doch nur die Oberfläche, aber sie ist eben das erste was man sieht.

Ich glaube, dass Oberflächen scheiße sind, weil die Leute dann an der Oberfläche sehen, dass du magersüchtig bist, sich aber gar nicht fragen, warum du das bist. So ist es auch, wenn du dick bist. Oder komische Flecken im Gesicht hast. Im Rollstuhl sitzt. Oder nur vier Finger hast.

Ich glaube, dass die eigene Oberfläche nur einem selbst gefallen muss. Wenn man durch die Stadt geht und dort jemand läuft, der wirklich schrecklich angezogen ist, dann schauen wir die Oberfläche an. Aber was ist, wenn die Person, von der wir denken, dass sie schrecklich angezogen ist, all die bunten Klamotten, die für meinen Kopf nicht passen, am Morgen, mit seinem Herzen zusammengesucht hat? Man kann dann doch nicht sagen, dass das alles nicht zusammengeht.

Seine Oberfläche sollte man nicht ändern, wenn man damit zufrieden ist. Bist du dick und kommst damit klar, weil du sehr selbstbewusst bist; warum solltest du das ändern wollen. Damit du in *size zero* passt? Das wäre lächerlich. Bist du aber dick und hast deswegen Komplexe, dann musst du abnehmen. Weil du deine Oberfläche mögen musst.

Und wenn du einen Partner suchst, dann hat das auch etwas mit der Oberfläche zu tun. Und wenn du vielleicht eine eigene

Oberfläche hast, dann brauchst du möglicherweise mehr Geduld, um jemanden zu finden. Aber es ist doch besser eine eigene Oberfläche zu haben, als ein Katalog zu sein. Und trotzdem, hat ein Katalog auch eine Oberfläche.

Wenn du jemanden herumlaufen siehst, der einen wirklich schicken Anzug trägt, dann denkst du, dass der richtig Geld haben muss. Aber solche Menschen haben nie Geld. So etwas machen Oberflächen mit uns.

Die Oberfläche ist so etwas wie ein Zeitgeist. Die Zeit kann aber morgen schon wieder eine andere sein. Und dann ist es besser, wenn du deine eigene Oberfläche hast, weil die zu jedem Zeitgeist passt, indem sie einfach nicht passt.

Hast du eine Oberfläche, die nur zu einem einzigen Zeitgeist passt, dann kommst du dir lächerlich vor, wenn morgen der Zeitgeist ein anderer ist. Im Übrigen sollte man gar nicht von Zeitgeist sprechen, sondern besser von Pop.

Ich denke oft über die Oberfläche nach. Weil ich denke, dass die Oberfläche der Grund dafür ist, warum man zurückgewiesen wird. Zurückweisungen sind hart und ich kann damit nicht umgehen. Trotzdem sehe ich darin keinen Grund, meine Oberfläche zu ändern. Weil sie so ist, wie ich denke, dass sie für mich richtig ist.

Wenn es einen Laden gäbe, indem man sich neue Oberflächen kaufen könnte, dann würde ich dort nicht hingehen. Ich möchte doch nicht eine Oberfläche haben, die sich irgendwer für mich ausgedacht hat.

In einen Laden, der Persönlichkeiten verkauft, würde auch niemand gehen, weil jeder sofort versteht, dass die Persönlichkeit etwas Eigenes ist. Aber bei Oberflächen ist das anders. Der Laden fur Oberflächen wäre nach einer Stunde leer gekauft. Und ich bin mir sicher, dass Leute dafür viel Geld geben würden.

Es gibt Menschen, die studieren Oberflächen-Design, in englischer Sprache natürlich. Und bauen dann viereckige Kästen. Das sind Häuser. Darin wohnen Menschen, die an ihre Wände starren, um die Einsamkeit zu vergessen oder sich so in Geduld üben.

Ich finde es dumm zu sagen, dass man sich für diese oder jene Oberfläche entschieden hat, weil man anders sein möchte. Ich meine, man ist doch ohnehin anders. Niemand ist so wie man selbst ist. Die anderen sind ja schon anders. Also, warum sollte man sich damit aufhalten, unbedingt anders sein zu wollen, wenn man es ist. Das kostet nur Energie.

Manchmal wäre ich gerne blind. Dann könnten mich die Menschen nicht mit ihrer Oberfläche beeindrucken. Dann müssten sich manche vielleicht wirklich anstrengen. Und dann müsste sich für mich niemand die Pickel mit Alkohol behandeln, weil ich es sowieso nicht sehen könnte.

Wenn ich blind wäre, dann wäre das großartig, weil ich dann die anderen Oberflächen nicht sehen könnte und ich sie nicht mit meiner vergleichen würde. Das Vergleichen ist das Schlimmste. Sich zu vergleichen und festzustellen, dass man nicht so ist wie die anderen, macht einem fertig. Bis man begreift, dass das gar nicht geht.

Deswegen mag ich auch keine Zensuren. Weil sie nicht gerecht sind. Man macht sich nur fertig, weil die eigene Zensur nicht so gut ist wie die Zensuren der anderen. Aber die

Voraussetzungen sind ja auch anders. Wenn die Leute von gerechter Notenverteilung sprechen, dann ist das rührend, weil sie einfach nichts kapiert haben.

Eine schlechte Zensur zu haben ist genauso hart wie zurückgewiesen zu werden. Weil man es nicht versteht. Aber so ist es eben, wenn man jedem gewährt die Oberfläche zu sein, die er ist, dann muss man auch jedem gewähren, andere Oberflächen so zu sehen, wie er sie sieht.

Die Oberfläche ist das erste was man sieht. Weil es nicht besonders schön wäre, wenn um das Gehirn kein Kopf wäre. Und manche vielleicht diesen Kopf brauchen, um zu verdecken, dass da drinnen nichts ist. Das mit der Oberfläche ist schon gut und man merkt ja schnell, wenn die Oberfläche nur eine Oberfläche ist.

Oberflächlich zu sein ist nicht schlimm, wenn man ein Gehirn hat. Es ist nur dann schlimm, wenn man kein Gehirn hat, weil man dann wirklich nichts kann, außer oberflächlich zu sein.

Alles nur Gerüchte

Gerüchteweise
habe ich dich verlassen,
habe ich mich von dir getrennt
und liebe dich nicht mehr
Gerüchteweise
betrüge ich dich mit mir
schenke dir keinen Blick,
und muss dich umarmen
ohne Arme, streicheln
ohne Hände und küssen
ohne Lippen,
denn gerüchteweise
bin ich tot

Bad Kid

Ich sitze in der Oberstufe und vergeude meine Zeit, wartend, bis zu den Abiturprüfungen im Sommer.

I'm a twit,
degenerate, young rebel
*and I'm proud of it.**

Ich sitze in der Oberstufe und langweile mich. Ich esse viel. Und lese Gedichte.

Die Lehrer sagen, dass es Regeln gibt und dass die auch für mich gelten würden. Ich bemühe mich die Regeln einzuhalten. Aber es sind so viele.

Um sechzehn Uhr ist der Unterricht zu Ende. Und ich fahre mit dem Auto nach Hause. An fast jedem Tag brauche ich ewig, bis ich dort ankomme. Ich umkreise unser Haus einige Male, in einem relativ großen Radius. Das Ankommen ist das Schlimmste.

Ich hatte mich wieder nicht an die Regeln gehalten.

Zu Hause lebe ich in zwei Zimmern, am Ende des Flurs, im oberen Stockwerk. Weil unser Haus sehr groß ist und wir eine recht kleine Familie sind, kann ich eben zwei Zimmer bewohnen. In einem schlafe ich und im anderen steht mein Schreibtisch, mit einem Computer. In beiden Räumen stapeln sich Bücher. Die einzige Welt, in der ich die Regeln mache.

Zu Hause vergeude ich meine Zeit. Ich esse viel und bleibe bis zum nächsten Morgen wach. Um sechs Uhr komme ich nicht aus dem Bett. Draußen ist November. Und es ist Donnerstag. Ich lasse mich im Unterricht entschuldigen. Donnerstag war der schlimmste Tag. Die wenigsten Donnerstage verbringe ich in der Schule. Zumindest nicht jene Donnerstage, die in den Winter fallen.

Freitags sagen sie mir dann, dass ich mich an die Regeln halten muss. Sie erpressen mich und ich fehle donnerstags nie wieder. Donnerstags vergeude ich meine Zeit. Wir wandern von einem Klassenraum zu einem anderen. Und lernen nichts.

Die Lehrer teilen Kopien aus. In die Lücken schreiben wir Wörter, die man uns diktiert und die wir nicht kennen. Wir gestalten Projekte. Malen bunte Plakate und analysieren alles, was uns über den Beamer, an die Wand geworfen wird. In anderen Stunden tippen wir in Taschenrechner oder starren Computer mit Tabellen an. Wir stellen keine Fragen, denn dafür ist keine Zeit.

Ich hasse Gruppenarbeiten, weil mir die anderen sagen, dass ich mich nicht an deren Regeln halte. Ich bitte sie, mir die Regeln zu erklären. Die Lehrer sagen, dass ich an meiner Sozialkompetenz arbeiten muss. Weil das für später doch so wichtig sei. Schnitt.

Ich arbeite an meiner Sozialkompetenz. Ich verbringe die Minuten vor dem Unterrichtsbeginn mit den anderen und versuche ihnen zuzuhören. In der großen Pause fahre ich sie zum Imbiss und esse mit ihnen Dinge, die mir nicht schmecken. Ich versuche mich über die Themen zu informieren, für die sie sich interessieren. Aber ich finde keinen Anschluss. Bei Gruppenarbeiten übernehme ich alle Aufgaben. Die Lehrer sagen, dass ich mich schon an die Regeln halten muss. Jetzt.

Im Unterricht schreibe ich also alles mit. Ich setze mich ans andere Ende des Klassenzimmers, um alleine zu sein. Und um besser mitarbeiten zu können.

Ich hefte meine Mitschriften, verpackt in Dokumentenhüllen, ab. Versuche mich zu melden, etwas zu sagen, wenn ich mir sicher war. Die Lehrer ignorieren das. Ich lasse es sein und beschränke meine Mitarbeit auf Aufmerksamkeit und Ruhe.

Zu Hause schlage ich nach, was ich nicht verstanden habe. Angefertigte Übungen wiederhole ich. Die meisten kann ich dann auswendig. Für den anderen Unterricht lese ich dutzende Bücher.

Ich lerne die Nächte durch und stehe um fünf Uhr auf, um noch die Hausarbeiten anzufertigen. Meine Zensuren bleiben unten.

Weil du nicht zuhörst, sagten sie dann. Wir sagen doch, dass du dich an die Regeln halten musst.

Aber.

Nein.

Ich sitze in der Oberstufe. Vergeude meine Zeit. Bei Gruppenarbeiten gaben mir die Lehrer Aufgaben, die ich alleine lösen kann, damit die anderen besser arbeiten können. Ich löse die Aufgaben alleine. Schreibe bunte

Präsentationen und Moderationskarten. Überlege mir Arbeitsblätter und zeichne aufwendige Plakate. Nebenbei lese ich Gedichte.

In den Pausen sitze ich bei den anderen und erzähle von den Gedichten. Sie hören mir nicht zu. Es ist mir egal. Ich gehe weg, denn die interessieren mich nicht.

Ich versuche die Regeln zu lernen. Gehe noch vor Beendigung der Pause zurück in den Klassenraum, um die folgenden Unterrichtseinheiten vorzubereiten. Die anderen halten Referate und Vorträge. – Aber entsetzlich schlecht.

Wenn ich an der Reihe bin, dann hört keiner zu. Es ist mir egal. Sie lachen mich aus, wenn ich erkläre, wie ich den Vortrag aufgebaut habe und warum ich dafür mit einem Gedicht einsteige. Die Lehrer geben mir irgendwelche Noten.

Im Unterricht entschuldige ich mich, wenn ich etwas nicht beantworten kann. Ich bleibe ruhig, wenn die Lehrer zu mir sagen, dass ich ein Depp sei und dass aus meinem Mund nur Scheiße kommt. Die anderen in der Klasse lachen. Ich möchte abhauen. Aber meine Sitznachbarin hält mich fest.

Ich mag sie. Denn sie weiß von meinen Problemen. Später wird es in der Abizeitung stehen, dass einer der Lehrer gesagt hat, dass aus meinem Mund nur Scheiße kommt.

In der Pause echauffiere ich mich über derlei Kommentare. Andere versuchen mich zu beruhigen und meinen, dass das doch nur so dahin gesagt war. Vielleicht war es nur so dahin gesagt. Aber das ist keine Entschuldigung. Ich dachte darüber nach die Schulaufsichtsbehörde zu informieren. Eine Lehrerin, der ich vertraute und Freunde brachten mich davon ab. Sie meinten, dass wir das Abi bald haben und ich mich nicht mit den Lehrern anlegen soll, weil das nur schlecht enden kann.

Zu Hause erzählte ich von alledem nichts. Jahre später ärgere ich mich darüber, die Schulaufsichtsbehörde nicht informiert zu haben. Erst nachdem ich an der Uni graduiert wurde, erzählte ich meinen Eltern von diesen Vorfällen.

Ich habe alle Regeln vergessen. Im Unterricht störte ich nun. Ich saß nicht mehr alleine, am anderen Ende des Klassenzimmers, sondern mitten unter den anderen. Ich korrigierte die Lehrer, wenn sie Wörter schlecht aussprachen oder Fehler in ihren Tafelanschriften hatten.

Wenn sie sagten, dass aus mir *eh nur ein Depp werden kann*, dann meinte ich, dass ich damit immer noch Lehrer werden könne. Ich übe ja schon an meiner sozialen Kompetenz.

Die anderen Schüler beachtete ich nicht länger. Bei Referaten hörte ich ihnen nicht mehr zu und kritisierte am Ende was sie sagten. Während die anderen in Taschenrechner tippten und auf Computer mit Tabellen starrten, schrieb ich Gedichte. Donnerstags blieb ich zu Hause.

Es ist fast Sommer und der größte Teil der Zeit ist vergeudet. Aber die Abiturprüfungen stehen an. Wir üben wochenlang altes Prüfungsmaterial, dafür, dass unsere Prüfung dann ganz anders ist. In Wirtschaft bearbeite ich nur wenige Teile. In Management bekomme ich die volle Punktzahl. In Deutsch kamen Gedichte dran, die ich kannte. In Mathematik habe ich nach privaten Lehrern verlangt, die meine Eltern bezahlten. Deswegen bin ich durchgekommen.

Am Freitag waren die Prüfungen vorüber. Die anderen verabredeten sich in Kneipen und Bars. Sie luden mich ein. Aber ich wollte die alle nicht mehr sehen. Und fuhr mit dem Auto weg.

Wir sahen uns über Wochen nicht.

Alle in der Klasse hatten das Abitur bestanden und bekamen bei einer Abschlussfeier ihre Zeugnisse überreicht. Für jeden gab es eine Blume. Es war die Hässlichste, die man hätte bekommen können. Nicht weil sie wirklich hässlich war, sondern weil sie von denen kam.

Ein Lehrer gab mir das Zeugnis und meinte zu mir, dass das ja jetzt doch noch geklappt habe. Sein Händedruck war schwach. Seinen Kommentar lächelte ich weg. Das war ohnehin das letzte Mal, dass ich mir so ein widerliches Lächeln auf die Lippen biegen musste.

In einer weißen Mappe, mit einem Band und dem aufgedruckten Logo der Schule, lag ein Stück Papier, auf dem Stand, dass ich es irgendwie geschafft hatte, mich an die Regeln zu halten. Die Schule hat die Eigenschaft den

Grad, mit dem es einem Schüler gelingt, sich an diese Regeln zu halten, in Noten messen zu können.

Nur zwei Wochen später, sitze ich in einer anderen Stadt, in einer leeren Wohnung. Der Studentenausweis liegt auf dem Tisch.

An der Uni finde ich Menschen, die mir zuhören, wenn ich von den Gedichten erzähle. An der Uni sind die Regeln andere. Ich habe keine Mühe sie zu lernen, denn ich beherrsche sie bereits.

Ich schließe mein Studium unterhalb der Regelstudienzeit ab. Bestehe alle Prüfungen beim ersten Versuch, lerne zusätzlich Sprachen und engagiere mich in der Hochschulfamilie. Eine Stiftung fördert mich dafür mit einem Stipendium.

Nachdem ich graduiert wurde, treffe ich Menschen von früher. Sie studieren noch. Oder machen etwas anderes. Sie beglückwünschen mich zu meinem Abschluss.

Wir reden an der Oberfläche. Trotzdem glauben sie, dass sie behaupten können, dass ich arrogant geworden bin.

Weil ich sage, dass meine Schulzeit vergeudete Zeit war und dass die Lehrer unfähig waren und nicht ehrlich. Weil ich sage, dass mich die anderen, mit ihrem dummen Pausengerede, nie interessiert haben. Ich denke: Intellektualität sieht nur von unten aus wie Arroganz. Und sage: Mit Arroganz hat das gar nichts zu schaffen. Ich beherrsche nur die Regeln.

Die Schule ist ein Netz, von welchem man sich am besten nicht auffangen lässt. Nur die Bequemen bleiben im Netz liegen. Doch das Netz verschwindet, an dem Tag, an dem man ihnen das Abschlusszeugnis gibt. Dann fallen sie. Sie fallen und können nichts, außer in Taschenrechner tippen und auf Computer mit Tabellen starren. Sie haben nie etwas gelesen. Und denken nicht. Jetzt sind sie es, die die neuen Regeln lernen müssen. Sie schaffen es nicht. Weil es einfach so viele sind.

*Quelle: *Bad Kids*. Songwriting: Stefani Germanotta, Jeppe Laursen, Paul Blair. Published by Sony / ATV Music Publishing LLC, Universal Music Publishing Group.

Horror vacui

ich

habe

alles

verloren

II. Krampfadern

Glaubensbekenntnis

Bestandsaufnahme einer Freundschaft

Also, die Sache ist die. Wir nennen uns Mommy-, Dada- und Baby-Rose. Was das zu bedeuten hat? Es bedeutet nichts. […] Weil es gar nicht um die Namen geht. Es geht nie um die Namen. Namen bedeuten nichts. […] Wenn wir also sagen, dass wir uns Mommy-, Dada- und Baby-Rose nennen, dann ist das eben nur so eine Sache.

Dann gehen wir in ein Café. Ins Hilgenfeld oder Bismarck. Dort bestellen wir Zeug. Weil Zeug bestellen nun einmal das ist, was man in Cafés so macht. Wir sitzen in einem Café und bestellen Zeug. Und eigentlich möchte ich behaupten, dass das auch so eine Sache ist. Weil es eben ohne das Zeug gar nicht geht. Wir sitzen also in diesen Cafés. Im Hilgenfeld oder im Bismarck. Oder anderswo. Und bestellen Zeug.

Aber dann sind da noch diese Cafés, die eben nicht Hilgenfeld oder Bismarck heißen. Diese Cafés; das sind die schrecklichen Cafés.

Sie sind anderswo. In Baden-Baden zum Beispiel. Oder in Magdeburg. Wir sitzen schon auch mal in einem dieser Cafés, weil wir gerade in Baden-Baden sind. Oder in Magdeburg. Und dort kennen uns die Menschen nicht.

Diese Cafés sind schrecklich, nicht, weil sie wirklich schrecklich sind oder weil sie schlecht sind. Sie sind schrecklich, weil sie uns dort nicht kennen. Die haben uns noch nie gesehen. Und das ist eben immer schrecklich, wenn man sich Mommy-, Dada- und Baby-Rose nennt. Dann sitzen wir da. In diesen Cafés, in denen man uns nicht kennt. In Baden-Baden. Oder Magdeburg. Dada neben Baby. Baby gegenüber von Mommy. Dann. Beginnt die Show. […]

Menschen kommen in die Cafés. Und Menschen verlassen die Cafés. Sie schauen uns an. Menschen bestellen Zeug. Und stechen Kuchengabeln in Schokoladenschnitten. Und sie schauen uns an. Das ist eben alles, was sie können. Und wahrscheinlich ist das auch so eine Sache. Es ist eben so eine Sache, wenn man sich Mommy-, Dada und Baby-Rose nennt. Dann schauen dich die Menschen eben an. Wenn man die Tasse vom Tisch aufnimmt. Oder sie zurück auf den Tisch stellt. Wenn man in der Getränkekarte blättert. Sie schauen dich an. Weil die Menschen eben immer schauen, wenn da jemand ist, der sich Mommy-, Dada- und Baby-Rose nennt. Ganz egal wo du bist. In Weimar. Oder Stuttgart. Sie schauen, als wären wir ein scheiß Gemälde von Neo Rauch. Oder eine [...] Performance von Marina Abramović.

Aber vielleicht ist genau das die Sache. [...] In einem neuen Café zu sein, indem man zuvor noch nie war, das ist, wie eine Performance, das allererste Mal aufzuführen. Premiere. Alte Besetzung. Aber neues Stück. [...] Das läuft dann so. Und eigentlich läuft es immer gleich. Weil die Inszenierung eben die Inszenierung ist. Wir sitzen dort. Und bestellen Zeug. [...] Kaffee oder heiße Schokolade mit Rotwein. So etwas bestellt man dann. Selbst, wenn man nicht der Typ dafür ist.

Man muss schon der Typ für heiße Schokolade mit Rotwein sein. Und wenn man nicht der Typ dafür ist, dann gefällt einem heiße Schokolade mit Rotwein vielleicht gar nicht. Aber was soll's. Wenn du nicht der Typ dafür bist, dann bist du eben nicht der Typ dafür. Und du trinkst ein Tonic Water, weil du dafür vielleicht der Typ bist. [...]

Und wenn man dann in einem dieser schrecklichen Cafés sitzt, dann redet man. Weil einfach nur Zeug bestellen, nicht befriedigt. Also unterhält man sich. Zum Beispiel über Autonomie. Weil Autonomie eben immer ein Thema ist. Weil Autonomie ein Thema ist, wenn man sich Mommy-, Dada- und Baby-Rose nennt. Man muss schon an Autonomie glauben, um Mommy, Dada und Baby sein zu können. Das ist eben auch so eine Sache. Autonomie, das ist im Grunde, immer eine Sache. Und weil wir an Autonomie glauben müssen.

Oder Architektur. Das ist auch so ein Thema. Und Architektur ist immer ein Thema. Weil die Architekten glauben, dass alles was sie machen Architektur ist. Selbst wenn es Neue Moderne ist. [...] Aber es ist einfach nichts. Außer ein Name. Und Namen bedeuten nichts. Und weil sich die Architekten so sehr an ihren Klötzen aufreiben. [...] Dass man schon gar nicht mehr weiß was Architektur ist. Und dann sagen die Architekten, dass man diese Klötze als Architektur anschauen soll. Weil es eben dann auch Architektur ist. Wenn du es den Leuten sagst, dass es Architektur ist, dann ist es eben auch Architektur. Selbst wenn es Scheiße ist. Oder einfach nur so eine Sache. Ist es Architektur. Oder ein Verbrechen. Was weiß ich? Was kann man denn schon wissen, wenn man eben nur eine Performance ist. In Weimar. Oder Bremen. Auch eines dieser Sachen. [...]

So sitzen wir also dann in diesen Cafés. [...] Und spielen Showtime. Weil wir es eben einfach nicht besser wissen. Denn: Was wissen wir eigentlich? Außer vielleicht die Sache mit der Autonomie. Und der Architektur. Aber was bedeutet das schon. Was bedeutet es noch, wenn es erst einmal intellektualisiert ist?

Und dann ist da noch die Sache mit dem Internet. Das Internet ist wirklich eine Sache. Weil es eine Bühne ist. Und dann sagen wir, dass wir Videos machen sollten. Für das Internet. Weil wir an Autonomie glauben und das Internet eben eine Sache ist. Und es im Internet kein Problem ist, wenn man sich

Mommy-, Dada- und Baby-Rose nennt. Weil das Internet weit weg ist. Das Internet ist wirklich weit weg. Ich meine, wenn du Videos macht und die dann ins Internet stellst, dann stehst du auf der Bühne oder sitzt im Café und führst deine Performance auf, aber das Publikum, das ist weit weg.

Es sitzt eben nicht am Tisch nebenan und schaut dich an, wenn du die Tasse vom Tisch aufhebst. Oder die Tasse wieder zurück auf den Tisch stellst. Ich meine, das Publikum sieht es. Dabei ist es aber weit weg. Weil im Internet eben alles weit weg ist. Deswegen sollten wir Videos machen. Weil wir uns lieben. Und weil es dann egal ist, ob wir in Erfurt oder Potsdam sind. Von mir aus auch in Erlangen. Wir können dann auch in Erlangen sein. Deswegen sollten wir Videos machen. Aber wir machen es nie. […]

Und wenn wir dann schon über all diese Sachen sprechen, dann müssen wir auch über Oscar Wilde sprechen. Oscar Wilde, das ist auch nur so ein Name. Aber schon irgendwie eine Sache. Weil Oscar Wilde eben immer eine Sache ist. Vor allem, wenn man sich Mommy, Dada und Baby nennt und eben

Oscar Wilde liest, um dann festzustellen, dass er sich perfekt als *positive role model* eignet. Und eigentlich möchte ich sagen, dass Oscar Wilde der Anfang von alledem war. Also von all dem, was heute Mommy-, Dada- und Baby-Rose sind. Oscar Wilde und eben dieser Satz, dass wir uns heute nicht streiten können, weil der Hut zu diffizil ist. Und ja, dieser Satz. Das ist so eine Sache.

Du liest gerade *Das Bildnis des Dorian Gray* und kannst es unmöglich aus der Hand legen, weil du das Gefühl hast, dass du wirklich etwas verpasst, wenn du das Buch jetzt weg legen würdest. Also liest du weiter. Und dann schreibt er diesen Satz: *Nein, ich möchte mich heute nicht mit Ihnen streiten, denn mein Hut ist zu diffizil.*

Am nächsten Tag triffst du Mommy-Rose, die dich erst zu diesem Buch gebracht hat und du zitierst diesen Satz. Zitieren ist übrigens auch so eine Sache. Du zitierst diesen Satz und Mommy-Rose trägt zu diesem Zeitpunkt ausgerechnet auch noch einen Hut, weil sie Hüte ausgesprochen gut tragen kann. Du musst schon der Typ für Hüte sein. Und Mommy ist der Typ dafür. Dabei sitzen wir an der Uni. Während die anderen nichts verstehen, weil sie nie etwas gelesen haben, werden wir zu Mommy-, Dada- und Baby-Rose. Das ist eben die Sache mit Oscar Wilde. Unweigerlich macht er dich zu Mommy oder Dada oder Baby. Und ja, das ist auch einfach nur so eine Sache. Und irgendwie ist es natürlich auch eine dieser Performances. Weil es das eben ist, wenn du dich Mommy-, Dada- und Baby-Rose nennst. Oder wenn du Oscar Wilde liest. [...]

Also, die Sache ist die. Wir nennen uns Mommy-, Dada- und Baby-Rose. Was das zu bedeuten hat? Es bedeutet nichts. Weil es gar nicht um die Namen geht. Es geht nie um die Namen. Namen bedeuten nichts. Sie sagen einfach nichts. Wenn wir also sagen, dass wir uns Mommy-, Dada- und Baby-Rose nennen, dann ist das eben nur so eine Sache. Deswegen ist es auch nicht wichtig zu wissen, wer Mommy, Dada und Baby sind. [...]

Wir gehen in ein Café und sind dort Mommy-, Dada- und Baby-Rose. Zwei Stunden lang oder mehr. Performance mit Überlänge. Aber nie in schwarz-weiß. Und immer in 3 D; ohne Zuschlag. So ist das eben. Das ist einfach nur so eine Sache. In Erfurt oder Erlangen. In Baden-Baden oder Magdeburg. Und dabei bestellen wir heiße Schokolade mit Rotwein oder Tonic Water. Wofür wir eben gerade der Typ sind. Man muss schon der Typ für heiße Schokolade mit Rotwein sein. Oder für Hüte. Es nutzt einfach nichts, wenn du nicht der Typ dafür bist.

Wir gehen also in ein Café, sind Mommy-, Dada- und Baby-Rose, für zwei Stunden oder mehr und wenn wir das Café dann verlassen, dann …, dann sind wir Olga, Svetlana und ein dicker Amerikaner. Denn die einzige Konstante ist die Veränderung. Und das wäre dann alles. Die ganze Sache. Das ist also die ganze Sache.

Für Mommy- und Dada-Rose.

Hier erfolgt ein gekürzter und leicht redigierter Abdruck des Originaltextes. Kürzungen wurden mit […] kenntlich gemacht. Titel des Originaltextes: *Narzissmus unter Freunden. – Eine Bestandsaufnahme.*

Pornographie

Langeweile ist gut. Wenn man Kultur hat. Ansonsten kann es nur in Angst und Pornographie enden. Wenn uns die Langeweile alleine lässt, geschieht es manchmal, dass die Dinge um uns herum zu sprechen beginnen. In diese Stille arbeiten die Dinge dann hinein. Die wir nicht hören. Weil wir keine Phantasie haben. Der Stimulation unterliegen. Und alles in Pornographie ersticken.

#porno

Cash Cow

Erste Szene.
Der Tag, an dem ich neben dir aufgewacht war, du an der Bettkante saßt und einen kalten Hamburger vom Vortag gegessen hattest, war jener Tag, an dem es aus war. Das Papier, in welches der Hamburger gewickelt war, war bereits vom Fett durchdrungen und sah milchig aus. Du nahmst es ab, hast es zusammengeknüllt und auf den Boden geworfen.

Zweite Szene.
Du standst auf. Hast dich hörbar am Arsch gekratzt und in der vagen Dunkelheit, die im Zimmer herrschte, deine Klamotten zusammengesucht.

Dann bist du verschwunden. Ich starrte in ein Dunkel. Und erkannte nichts.

Dritte Szene.
Ich blieb im Bett liegen und hörte, dass im Nebenzimmer der Wasserhahn lief und hoff-

te, dass ich gestorben war, bis du wieder ins Zimmer zurück kommst.

Vor einigen Wochen habe ich in einem Magazin darüber gelesen, dass irgendwo in Amerika eine Frau einfach so gestorben war. Sie hat nichts gemacht, außer vor sich hin gestarrt.

Der Wasserhahn war nun aus. Ich hörte nichts mehr. Und überlegte mir, dass du einfach verschwunden sein könntest. Was für mich eine adäquate Alternative zum eigenen Sterben darstellte.

Vierte Szene.

Du kamst zurück ins Zimmer und hast den Vorhang beiseite gezogen. Ich sah, dass dein Seitenscheitel perfekt gelegt war, das Hemd akkurat in der Hose. Das Jackett betonte deine kräftigen Schultern. Du hast dir noch schnell die Hose zugemacht und den Gürtel angelegt. Du verließt das Zimmer abermals. Eine weitere Gelegenheit einfach zu sterben.

Fünfte Szene.

Mit einem Mantel auf dem Arm kamst du zurück, hattest ein Bündel Geld in der Hand, welches du in meine Richtung schleudertest. Die Scheine landeten um mich herum; auf dem Bett und Boden. Als du deinen Arm hobst, um das Geld zu werfen, zog ich mich zusammen und legte meine beiden Arme schützend über mein Gesicht. Aber es war nur Geld.

Sechste Szene.
Du befiehlst mir, das Geld einzusammeln, mich zu duschen und dann zu verschwinden. Und zu niemanden ein Wort, das hattest du noch angefügt. Ich nickte und hörte nur noch wie die Wohnungstür ins Schloss fiel. Du warst verschwunden. Und ich war nicht gestorben.

Siebente Szene.
Ich sammelte das Geld ein und steckte es in die linke hintere Hosentasche meiner Jeans, die am Bettende lag.

Zweihundertachtzig.

Dann duschte ich. Doch ich hatte nicht das Gefühl sauber zu werden. Ich roch nach dir. Und nach einem kalten Hamburger vom Vortag.

Mehrmals bedeckte ich meinen ganzen Körper mit Seife und wusch sie wieder ab. Aber dein Geruch wollte nicht verschwinden. Nach dem achten Mal verließ ich die Dusche, trocknete mich, zog meine benutzten Kleider von gestern an und ging.

Achte Szene.
Ich lief durch die belebte Stadt. Schneller als sonst. Ich hatte den Eindruck, dass es jeder bemerken konnte. Jeder hat bemerkt, dass ich nach dir und einem Hamburger vom Vortag roch.

Ich dachte daran, wie du den Hamburger verschlungen hattest. Hatte das Fett durchdrungene Papier vor Augen, welches schon milchig geworden war. Ich stellte mir vor, wie es für andere Menschen wohl sein mag, wenn sie mir begegnen und genau das riechen würden.

Im geringsten Falle dachten sie, dass ich in einem Fast-Food-Restaurant arbeite. Im schlimmsten Falle denken sie vielleicht, dass ich mich nicht waschen kann.

Aber keiner würde denken, dass ich eine Schlampe sei. Und Schlampen riechen nun einmal nach Hamburgern vom Vortag und den Kerlen, mit denen sie schlafen.

Neunte Szene.
Von deinem Geld habe ich mir ein Deodorant gekauft. Jetzt rieche ich irgendwie lieblich. Nach gesüßtem Hamburger.

neon lights
can't

hide

my
tears

Landvermessung

Das *da hinten*, das ist Buchenwald, sagte ich. Dann schwieg ich. Die Leute, mit denen ich unterwegs war, begriffen sofort, dass jetzt etwas passiert sein muss. In meinem Kopf. Oder sonst wo. Es ist einfach so, dass das mit dir etwas macht, wenn du jeden Tag auf Buchenwald guckst. Und selbst, wenn du diese Architektur, die an dieser Erhöhung klebt, als würde sie dort nicht hingehören, nur aus der Ferne siehst. Aber du siehst sie. | Du siehst sie. Wenn du zur Uni fährst. Im Bus sitzt. Oder im Auto. Wenn du auf der Autobahn bist. Wenn du einen Kaffee trinken gehst. *Da hinten* ist Buchenwald und du siehst es. Du guckst hin und siehst es. | *Da hinten* ist Buchenwald. Aber es ist ja *da hinten*. Es ist einfacher, wenn man sagt, dass es *da hinten* ist. Dass da eine Distanz ist. Und dass *da hinten* ja in der Ferne liegt. Und wenn du am Morgen die Straße nach unten fährst, dann ist *da hinten* Buchenwald. Wenn du zum Einkaufen gehst. Und Freunde triffst. Du weißt einfach, dass *da hinten* Buchenwald ist. Selbst bei Nacht. Oder wenn sich Nebel über den Ort, den du nur *da hinten* nennst, legt. | Du fährst die Straße nach unten. Und siehst eigentlich nichts. Weil es dunkel ist. Weil sich der Nebel über jene Architektur geschlagen hat, die *da hinten* so seltsam an diesem Berg klebt. Aber trotzdem. Du weißt es. | Du weißt einfach, dass es *da hinten* ist. Und du guckst hin. Ganz unweigerlich. Weil du es weißt. Selbst wenn es dunkel ist. Du guckst in die richtige Richtung. Selbst wenn sich der Nebel die Ferne nimmt. Dass *da hinten*, das ist Buchenwald. | Und wenn dich Leute besuchen, du ihnen die Gegend zeigst, dann sagst du immer, dass das *da hinten* Buchenwald ist. Und schweigst dann. Und sie begreifen sofort, dass jetzt in deinem Kopf etwas passiert sein muss. Oder sonst irgendwo. Sie sagen aber nichts. | Das machst du ungefähr ein Jahr lang. Ein Jahr lang fährst du die Straße runter und guckst nach *da hinten*. Weil du es weißt. Ein Jahr guckst du in die Ferne und denkst dir: Das *da hinten*, das ist Buchenwald. Dann redest du dir ein, dass es ja *da hinten* ist. Und du redest dir ein, dass *da hinten* weit weg ist. Und ja, *da hinten* ist wirklich weit weg, wenn du es willst. Wenn du willst, dann ist *da hinten* unendlich weit weg. | Ein Jahr lang fährst du zur Uni. Im Auto. Oder im Bus. Gehst einen Kaffee trinken. Ein Jahr lang denkst du jeden Tag, dass das *da hinten* Buchenwald ist. Und dass das bestimmt etwas mit dir macht, wenn du jeden Tag auf Buchenwald guckst. Weil du es einfach weißt. Ein Jahr lang versuchst du zu betonen, dass das ja *da hinten* ist. Weil *da hinten* wirklich weit weg sein kann. Wenn du das willst. Weil *da hinten* eine ganz andere Welt sein kann. Wenn du dir das einredest. Selbst wenn du jeden Tag auf Buchenwald guckst. Das ist egal, weil es ja *da hinten* ist. Und du dir so lange vorgelogen hast, dass *da hinten* wirklich enorm weit entfernt sein muss. | Das machst du also ein Jahr lang. Oder etwas länger. Dann fährst du hin. Du steigst in dein Auto und fährst hin. Fünfundzwanzig Kilometer. Du steigst in dein Auto, um nach *da hinten* zu fahren. Weil du es endlich wissen musst. Weil du jeden Tag auf Buchenwald guckst. Weil *da hinten* jeden Tag weiter entfernt liegt. Und weil du glaubst, dass es etwas mit dir macht, wenn du jeden Tag auf Buchenwald guckst. Du fährst also. Keine halbe Stunde. Dann bist du da. Dann bist du *da hinten.* Der Ort, den du *da hinten* nennst, ist eben nur dann weit weg, wenn du aus der Ferne darauf guckst. Und sagst, dass das *da hinten* Buchenwald ist. Klar, dann ist es weit weg. Weil es das für dich ist. Weil du dir das sagst und du das glauben möchtest. Dann fährst du hin. Aber kein Ort, den du innerhalb einer halben Stunde erreichen kannst, ist wirklich weit weg. *Da hinten* liegt eben nur fünfundzwanzig Kilometer von dir entfernt. | Du brauchst ein Jahr, bis du dich entschieden hast und hinfährst. Dann bist du dort. Steigst aus dem Auto aus. Und überlegst wieder zurück zu fahren. Du überlegst wieder zurück zu fahren und *da hinten* einfach *da hinten* sein zu lassen. Weil *da hinten* weit weg ist. Und du denkst, dass du damit schon irgendwie klar kommst, wenn du jeden Tag auf Buchenwald guckst und dir denkst, dass das *da hinten* Buchenwald ist. Wenn du zur Uni fährst. Oder zum Einkaufen. Im Auto sitzt. Oder im Bus. Wenn du Freunde triffst. Du weißt es. Selbst in der Nacht. Alles ist dunkel. Aber du siehst es. | Du steigst aus dem Auto aus. Und schlägst die Türe zu. Du fährst nicht zurück. Dass *hier*, das ist Buchenwald. Und du guckst auf Buchenwald. Wie schon das eine Jahr zuvor. Nur, dass es jetzt nicht mehr *da hinten* ist. Das *hier*, das ist Buchenwald. Du verlierst deine Vorstellung von *da hinten*. Weil du weißt, dass du nicht einmal eine halbe Stunde hier her gefahren bist. Und weil du denkst, dass ein Ort, den man in nicht einmal einer halben Stunde erreichen kann, nicht wirklich weit weg ist. Du verlierst alles. Du steigst aus dem Auto aus. Und verlierst deine Distanz. Und den ganzen Rest. Du schlägst die Autotür zu und hast alles verloren. All die Sicherheiten, die dich das letzte Jahr auf Distanz gehalten haben. Du verlierst deine Vorstellung von *da hinten*. Es gibt kein *da hinten*. Ein *da hinten* ist nun ein *hier*. Das *hier*, das ist Buchenwald. | Ein Jahr lang guckst du jeden Tag auf Buchenwald. Denkst dir, dass das bestimmt etwas mit dir machen muss. Du siehst es. Wenn es dunkel ist. Du weißt, dass es da ist. Du sagst, dass das *da hinten* Buchenwald ist. Und schweigst. Alle begreifen, dass etwas in deinem Kopf passiert sein muss. Oder sonst irgendwo.

Nach einem Jahr fährst du hin. Dann guckst du dir alles an. Du guckst dir *hier* alles an. | Du fährst im Anschluss zurück und sagst, dass du zurück fährst. Du sagst nicht, dass du jetzt wieder nach *da hinten* fährst. Obwohl dein früherer Standpunkt, von hier aus, auch *da hinten* wäre. Das andere *da hinten* eben. Die Seiten sind nun nur verkehrt. Aber du sagst, dass du zurück fährst. | Du guckst jeden Tag auf Buchenwald. Und klar, es hat etwas mit dir gemacht. Es macht etwas mit dir, wenn du jeden Tag darauf guckst. Und es in deinem Kopf ist. Dann denkst du nach. Wenn dich Freunde besuchen und du ihnen die Gegend zeigst, dann sagst du, dass das *da vorne* Buchenwald ist. Wir können hinfahren. Es ist wirklich nicht weit. Und dann erzählst du. Du erzählst, wie du ein Jahr lang auf Buchenwald geguckt hast. Wie du verrückt wurdest. Weil dein *da hinten* in der Distanz immer größer wurde. In deinem Kopf. Du erzählst davon, dass du dann in dein Auto gestiegen und hingefahren bist. Und dir alles angeguckt hast. Alles verloren hast. | Dass *hier*, das ist Buchenwald. Und es liegt *da vorne.* Du guckst jeden Tag auf Buchenwald. Und du denkst, dass das bestimmt etwas mit dir macht. Und ja. Es macht etwas mit dir. Buchenwald liegt *da vorne*. *Da vorne*, denkst du. Jeden Tag guckst du auf Buchenwald. Wenn du zur Uni fährst. Im Bus sitzt. Oder im Auto. Wenn du auf der Autobahn bist. Wenn du einen Kaffee trinken gehst. Du siehst es. Und du weißt es. Dass *da vorne*, das ist Buchenwald. *Da vorne*, denkst du, das ist kein Ort. *Da vorne*, das ist das, was es mit dir macht, wenn du jeden Tag auf Buchenwald guckst. Und dann redest du.

Mio

Du sagst Ananas. Ich mag es, wie du Ananas sagst. A-N-A-N-A-S. Dann bestellst du mir einen Salat mit Ananas. Mit A-N-A-N-A-S. Weil ich für dich so aussehe, als würde ich Salat mit Ananas mögen. Ich esse also einen Salat mit Ananas. Obwohl ich viel lieber ein Butterbrot gehabt hätte. Du fragst mich, ob der Salat mit Ananas gut schmeckt. Ich nicke, um deine Frage zu beantworten. Später standen wir dann noch draußen, weil du rauchen wolltest und wir hatten den Mond angeschaut. Du hattest deine Arme um mich gelegt und ich frug dich, ob der Mond zu oder ab nimmt. Insgeheim hatte ich gehofft, dass du Ananas sagst. A-N-A-N-A-S. Weil das so gut gepasst hätte. Zum Mond. Oder zu uns. Und überhaupt. Es hätte einfach gut gepasst. Du hattest zu Ende geraucht. Und mich geküsst. Und während ich versuchte den Geschmack von Zigarette aus meinem Mund zu bekommen, verliebten wir uns. Obwohl wir gar nicht wussten wie das geht.

Alles hat seine ganz eigene Farbe

Letzte Nacht hatten wir einen schlimmen Streit. Ich sagte noch, dass es mir egal sei, ob du mir glauben würdest oder nicht.

Damit stand für dich fest, dass ich log. Trotzdem bist du im Bett geblieben; bist nicht gegangen. Dafür war ich dir sehr dankbar. Weil ich doch immer so Angst habe. Du hattest mir noch viele Fragen gestellt. Und ich wollte nur schlafen. Weil wir heute früh raus mussten.

Als wir anfuhren, konnte ich im Augenwinkel noch erkennen, dass der kleine Apfelbaum in voller Blüte stand. Wir saßen auf der Rückbank. Deine Eltern vorne, wobei dein Vater den Wagen steuerte.

Es war dir unangenehm, in Gegenwart deiner Eltern, meine Hand zu halten. Aber unserer Knie berührten sich. Ich beobachtete die sich drehende Welt, aus dem linken hinteren Fenster des Autos. Es wäre für dich viel einfacher gewesen aus dem rechten hinteren

Fenster zu gucken, aber du hattest dich dazu entschieden, auch aus dem linken blicken zu wollen.

Du hast nicht wirklich die Welt außerhalb des Autos beobachtet. Sie ist links die gleiche wie rechts. Eben nur an der anderen Seite. Du hast mich angeguckt. Ich guckte links, damit ich dich nicht anschauen brauche. Und dann war da noch dieser schlimme Streit; letzte Nacht.

Wir hatten uns das anders vorgestellt.

Vorne beratschlagten sich deine Eltern. Dein Vater war sich so sicher, den Weg zu finden. Jetzt waren wir irgendwo.

Deine Mutter fragte mich, ob ich die Unterlagen, für den Flug, in meiner Tasche hätte. Ich nickte, ohne den Kopf in ihre Richtung zu wenden.

Während der gesamten Fahrt, hast du kein Wort zu mir gesagt. Ich bin mir nicht sicher, ob es vielleicht wegen des Streits war. Oder ob dir nichts einfiel. Vielleicht war es auch wegen deinen Eltern. Womöglich brauchten sie nicht hören, was du mir sagen wolltest.

Eine Stunde und zweiundzwanzig Minuten später ging der Flug. Der Flughafen war überraschend leer. Wir standen im Terminal C. Du hattest meinen Koffer getragen. Ich trug eine Pfütze und einen dünnen Kaffee in einem Papierbecher.

Wir hatten uns das anders vorgestellt. Eigentlich sollte jeder seinen eigenen Koffer tragen. Und eigentlich sollten deine Eltern die Pfützen tragen. Wir hatten deswegen diesen schlimmen Streit. Letzte Nacht. Und die Nächte davor.

Ich sitze alleine im Flugzeug. Ich weiß, dass ihr zurückfahren werdet, wenn das Flugzeug aus der Welt ist. Deine Eltern werden vorne sitzen. Du hinten. Wie bei der Hinfahrt wird dein Vater, an der einen Straße, falsch abbiegen.

Du wirst aus dem linken Fenster gucken. Und sehen wie sich draußen die Welt dreht.

Das Flugzeug landet. Ich steige aus. Und stehe sechs Monate da. Ich hatte mir das anders vorgestellt. Das Zimmer teilte ich mir mit einem Soziologie-Studenten, der nicht böse war, wenn ich bis weit nach Mitternacht am Computer saß, um dir E-Mails zu schreiben.

Unser Zimmer hatte ein Fenster, das sich zum Hof hin öffnen ließ. Vor ihm verging der späte Frühling und auch der Sommer. Die letzten Wochen verbrachte ich alleine im Zimmer. Der Soziologie-Student reiste vorzeitig ab. Ich nutzte die Freiheit, um noch länger wach zu bleiben und noch längere E-Mails zu schreiben.

Im Oktober kam ich zurück. Als das Flugzeug zurück in die Welt kam, standest du schon im Besucherbereich des Flughafens. Nachdem die Maschine aufsetzte, dauerte es noch einige Zeit, bis ich den Terminal passieren konnte.

Du hast vor einem kleinen Kiosk auf mich gewartet und dünnen Kaffee aus Papier getrunken. Deine Eltern warteten im Wagen auf dem Flughafengelände. Du trugst meinen Koffer. Und ich eine Pfütze.

Du hattest mir kein Geschenk mitgebracht. Irgendwie hatte ich das erwartet. Ich kannte das aus den ganzen Filmen, in denen Menschen am Flughafen immer mit einem Geschenk begrüßt wurden. Wir saßen auf der Rückbank. Während der Fahrt sprach niemand. Obwohl es viel zu erzählen gab. Ich guckte aus dem Fenster; aus dem gleichen wie du. Nicht weil ich die Welt da draußen sehen wollte, sondern weil ich dich anschauen wollte.

Du trägst jetzt einen sehr kurzen Bart; hast dich aber ansonsten nicht verändert. Ich dachte, dass du für einen so kalten Oktobertag viel zu sommerlich angezogen bist.

Es war nicht schlimm, dass wir uns das anders vorgestellt hatten, denn es war nun sechs Monate her. Als wir uns der Auffahrt zu eurem Haus näherten, sah ich, dass die Äpfel reif geworden waren.

Hier hat alles seine ganze eigene Farbe, sagte ich.

Jetzt erst bemerkte ich, dass du während der gesamten Fahrt, meine Hand gehalten hast.

Papierkrieg

III. Das gute Leben

Von F bis H

H: Denn nur was lebt, was sich bewegt hat, einen Wert.
F: Und wie misst sich der?
H: Darin, dass man weiterkommt. Sich bewegt. Also schwimme ich, bis ich nicht mehr kann. Zu sterben ist wie zu ertrinken.
F: Man geht also ein, wenn man nichts tut. Ist es das, was du sagen willst.
H: So ist es.
F: Stillstand ist nichts. Ich hasse Stillstand. Ich habe das Gefühl dümmer zu werden, wenn ich still stehe. Oder ich sterbe.
H: Sehr gute Einstellung.
F: Sterben klingt so radikal. Also überhaupt. Es ist halt dann aus.
H: Manchmal muss man radikal sein. Also lächle oder man schiebt dir den Kiefer ins Gehirn.
F: Absolut.
H: Trotz all unseres Wissens steckt etwas in uns, was nur selten erwacht. Wir sollten es aufwecken.

F: Und was ist das? Wie weckt man es auf? Indem uns alles scheißegal ist? Indem wir Kunst machen? Ausbrechen?
H: Oh. Ich werde ein Gedicht aus dir machen. Nein, ich bin grausam. Die Inszenierung tötet. Brechen? Kiefer und Willen kann man brechen. Aber nicht das Gefängnis des Inneren.
F: Dann ist es Philosophie.
H: Dann ist es wahre Kunst.
F: Wahre Kunst. Oder echte Kunst? Ist es Philosophie oder Scheiße. Nichts ist es nicht.
H: Ich bin der stumme Tänzer, der lieblose Sänger. Philosophie oder Gagaismus? Das Erscheinungsbild eines Gottes definiert sich durch die, die ihn sehen.
F: Aber auch ein stummer Tänzer tanzt sowie ein liebloser Sänger singt. Und zu dieser Gott-Sache: Anschauungen sind blind. Wenn wir Gott anschauen – im Geiste – ist das Bild dann dunkel. Also blind. Und ist Blindheit etwas? Und was ist, wenn Gagaismus Philosophie ist? Gott ist doch tot. Verstehst du? Absolut tot. Das sagt sogar Zarathustra.
H: Ich will dich küssen.
F: Warum?

H: Um in Bewegung zu bleiben. Vielleicht, um das Innere aufwecken.

F: Bewegung ist gut. Aber, welches Innere? Dein Inneres? Mein Inneres? Beides?

H: Mit Verlaub: Beides.

F: Und was passiert dann mit dem Inneren?

H: Wir werden die wahre Natur kennen lernen. Klingt das nicht toll?

F: Ja, es klingt gut. Aber was ist das?

H: Das werden wir dann schon erfahren, wenn es soweit ist.

F: Cliffhanger.

H: Pamm. Pamm. Pamm. Pamm.

F: Sag mal: Was ist nun die Bedeutung?

H: Wovon?

F: Hiervon.

H: Die Bedeutung ist nicht das Sein.

F: Sondern?

H: Das Werden.

F: Das gefällt mir.

H: Der Fluss der Dinge, die Bewegung in allem, was wir sind und sein werden. Bewegung. Bewegung. Bewegung.

F: Du bist klug.

H: Der Schein kann trügen. Aber trotzdem, danke.

F: Deswegen heißt es ja Schein. Aber man sagt heutzutage nicht mehr Schein. Heute ist das eine Aura.
H: Du bist umwerfend.

Beschrankte Bahnübergänge

Die Menschen warten. Darauf, dass sie erwachsen werden, um dann alles vermissen zu können, was sie hatten, als sie noch klein waren.

Sie warten an Hauptbahnhöfen. Steigen in Züge ein, in denen sie dann warten, bis sie wieder aussteigen können. Andere warten auf die Straßenbahn, um nach Hause zu fahren und um von dort wieder weggehen zu können. Weil sie gar nicht wissen wo zu Hause ist. Um woanders zu warten.

Sie warten an Kassen und auf Autobahnen, um unzufrieden sein zu können. Manche warten laut. Auf die Revolution. Andere leise. Auf ihren Tod. Andere warten auf den Frieden, weil sie nichts anderes haben, worauf sie warten können. Sie fühlen sich so viel besser dabei.

Denn sie warten, bis etwas geschieht, um dann aufzustehen und weggehen zu können. Genug gewartet. Dabei sind sie zufrieden. Manche warten an Bahnübergängen, bis die

Schranke wieder hochgeht und sie auf die andere Seite kommen. Die Schranke schlägt nach oben und die Menschen prallen auf den Boden. Sie warten, bis der Zug vorüber ist. Bis die Schranke oben ist.

Im Zug warten andere Menschen. Sie warten darauf, wieder aussteigen zu können. Sie interessieren sich gar nicht für Bahnübergänge mit Schranken. Sie warten auf Bahnhöfe, an denen sie aussteigen können. Erfurt. Weimar. Jena. Weil es in Zügen immer so eng und der Kaffee schlecht ist.

Sie steigen ein, um wieder auszusteigen zu können. Vergeuden die Zeit mit Kaffee in Papier und Buchstaben im Kopfhörer. Sie warten. Die einen laut. Auf einen Anschlusszug. Die anderen leise. Auf die Liebe. Weil sie es nicht besser wissen. Die Menschen warten auf bessere Zeiten. Weil sie noch Uhren besitzen. Und noch Uhren benutzen. Sie warten und vergessen dabei sich zu bewegen. Warten auf besseres Wetter und verpassen die Zeit dazwischen.

Sie warten auf die Rente und sehnen sich doch nach Jugendlichkeit. Warten auf die Jugendlichkeit und wollen doch nur geschäftsfähig sein. In der Straßenbahn warten sie auf Haltestellen; im Restaurant auf Nudelgerichte. Oder Dinge, die mit Käse überbacken wurden. Sie warten in Schlangen am Theatereingang. Weil sie sich zerstreuen wollen.

Danach gehen sie weg oder steigen aus. Sie warten, bis die Bahnschranke hochgeht, um das Gleis zu überqueren. Oder sich darauf zu legen. Um dann zu warten.

Blaues Funktionalitätsgefüge

Du hattest mich also dann an der Straßenbahnhaltestelle verabschiedet. Und nachdem ich Platz genommen hatte, bist du noch einmal stehen geblieben, um mir zuzuwinken. Das war dann so eine Sache. Weil ich solche Verabschiedungen einfach hasse. Und dabei hatte ich wieder diese Augen. Weil ich an deine dachte.

Und das war dann eben auch so eine Sache. Meistens ist es so, dass es einfach so eine Sache ist. Wie das mit den Augen. Oder dem Verabschieden. Das sind alles nur so Sachen. Weil die Straßenbahn dann eben doch weiter fährt. Und weil ich weiß, dass die nächste Haltstelle Hochheimer Straße heißt. Und es eben so ist, dass du gerade hinter der Kreuzung verschwunden bist und ich dich gar nicht mehr sehen kann. Alles nur so Sachen.

Und natürlich hatte ich diese Augen. Weil du mir eben noch gewunken hattest. Oder weil wir vorhin noch auf dieser Decke im Park lagen und dabei Schmetterlinge beobachtet hatten. Und es einfach still war. Du hattest ein Buch gelesen, dass ich nicht verstand, weil ich solche Bücher einfach nicht verstehe, während ich versuchte dich nicht anzugucken. Weil ich eben wusste, dass ich in ein paar Stunden in dieser Straßenbahn sitzen werde und du hinter der Kreuzung verschwunden sein wirst. So Sachen eben.

An der Haltstelle Hochheimer Straße steigen zwei Fahrgäste zu. Und ich überlege mir, was ich dir beim nächsten Mal alles sagen möchte. Weil man sich das eben immer überlegt. Dass du schön bist oder, dass du klug bist, weil du so viel erzählt hast und ich dir zuhören konnte, ohne das Bedürfnis zu haben, dich unterbrechen zu wollen. Dass ich mich bei dir wohl fühle und dass es mir gut geht, wenn wir an Straßenbahnhaltestellen stehen und du mich noch einmal in den Arm nimmst. Das sind eben alles so Sachen.

Dann hält die Straßenbahn an der Schillerstraße. Die nächsten Anschlüsse sind die 1, 3, 6 und 90. Das Schlimme an den Sachen ist, dass ich gar nicht so richtig weiß, woran ich bei dir bin. Deswegen starre ich stundenlang auf mein Handy und warte bis die Nachrichtenanzeige hell aufleuchtet. Aber dann ist es eben doch nur eine Nachricht von einem Lampengeschäft. Oder der Newsletter von der Uni. Und dabei habe ich auch wieder diese Augen.

Das mit den Augen, das ist eben so eine Sache. Manche Menschen sagen, dass meine Augen traurig aussehen. Wenn sie sich mit mir unterhalten, wir zusammen lachen, und sie mir dabei in die Augen sehen, dann finden sie, dass sie traurig sind. Und ich weiß nicht. Ich finde nicht, dass meine Augen besonders traurig sind. Und ich überlege mir, ob ich dich beim nächsten Mal fragen sollte, ob du findest, dass meine Augen traurig aussehen. Man überlegt sich eben solche Sachen.

Am nächsten Tag oder vielleicht auch zwei Tage später gehe ich zurück in den Park. Und habe dabei diese Augen. Weil der Park wirklich schön ist. Und ich an deine denken muss. Während ich mir abermals überlege, was ich dir beim nächsten Mal alles sagen möchte, fährt die Straßenbahn an mir vorbei. Dabei fällt mir ein, dass du gestern oder vorgestern, bei der Verabschiedung, an der Haltstelle, noch sagtest, dass ich unbedingt ganz viel Blau tragen sollte. Weil für dich Blau irgendetwas mit Freiheit ist. Aber bestimmt auch wieder nur so eine Sache.

Während die Straßenbahn an mir vorüber fährt, bleibe ich stehen und winke ihr hinterher. Nicht, weil ich irgendwen dort kennen würde, sondern weil ich so mit den Sachen umgehe. Im Übrigen: Natürlich habe ich dabei wieder diese Augen. Weil ich an deine denke. Die genauso sind. Und wahrscheinlich, weil das die Sache ist. Oder einfach, weil niemand zurück gewunken hatte.

Marzipanschwein

Ich glaube nicht, dass es Weihnachten gibt. Das habe ich heute herausgefunden. Zumindest ist Weihnachten nicht mehr dasjenige, was an Weihnachten gefeiert wird. Das wusste ich schon. Ich glaube, dass Weihnachten das ist, was geschieht, wenn gerade nicht Weihnachten ist.

Da ist diese eine Geschichte, die mir meine Mutter erzählte, als ich klein war. Was sie mir damit sagen wollte, weiß ich bis heute nicht, aber ich glaube, dass ihr diese Geschichte sehr wichtig ist. Zumindest hat sie sie oft erzählt.

Meine Mutter wuchs arm auf. Unter acht Geschwistern, sie war die Älteste.

Weil ihre Mutter und ihr Vater den ganzen Tag arbeiteten, kümmerte sie sich, bereits mit sieben Jahren, um ihre Geschwister und den Haushalt. Die Familie hatte nicht besonders viel, aber es reichte immer irgendwie. Außer zu Weihnachten.

Zu Weihnachten wurde das Geld besonders knapp. Es reichte einfach nicht mehr, um alle gleichermaßen zu beschenken. Und trotzdem waren die Wünsche groß. Eigentlich bekamen die Kinder nie die Geschenke, die sie auf die Wunschzettel schrieben. Das Geld reichte nicht.

Aber jedes Jahr platzierten sie ihre Wunschzettel, Anfang Dezember, auf der Fensterbank zur Stube. Daneben ein kleines Gebäck und etwas Milch. Am nächsten Tag waren die Briefe verschwunden. Die Wünsche gingen aber nie in Erfüllung.

Wie jedes Jahr schrieb meine Mutter immer das Gleiche auf ihren Wunschzettel. Nämlich nichts. Aber sie hatte, wie sie erzählte, das große Glück, ihr Weihnachtsgeschenk schon vor dem eigentlichen Weihnachtsfest zu erhalten. Zu Weihnachten bedankte sich ihre Mutter bei ihr, für die Hilfe mit ihren Geschwistern, und schenkte ihr eine dünne Scheibe Marzipan.

Heute ist Marzipan kaum der Rede wert. Damals muss es etwas Besonderes gewesen sein. Das ahnte ich, denn der Blick in ihre Augen verriet mir dies. Sie wurden beim Erzählen dann immer ganz trüb. Es muss also etwas Besonderes sein.

Das Marzipan stammte aus der Konditorei, die sich nur wenige Häuser weit entfernt, vom Elternhaus meiner Mutter, befand. Und jedes Jahr, zu Beginn der Adventszeit, stellte der Meister ein großes Marzipanschwein ins Schaufenster. Es war prächtig und glänzte. Es war reichlich geschmückt. Und die Kinder des Dorfes standen vor dem Schaufenster und bettelten ihre Eltern an, um ein paar Pfennige zu erhalten, damit sie sich ein Stück davon kaufen können.

Meine Mutter wünschte sich natürlich auch eine Scheibe Marzipan. Und sie bekam sie.

Immer in der Woche vor dem vierten Adventssonntag ging ihre Mutter in die Konditorei und kaufte eine Scheibe vom Marzipanschwein. Bezahlen konnte sie die Süßigkeit mit den letzten Pfennigen, die sie irgendwo anders zurückgehalten hatte. Und die Scheibe war hauchdünn. Hielt man sie gegen das Licht, so schien es hindurch.

Doch meine Mutter liebte das Marzipan. Den Geruch. Das Gefühl. Es war besonders für sie. Aber eigentlich konnten sie sich das Marzipan nicht leisten. Vielleicht genau deswegen. Vielleicht war es deswegen so besonders.

Als meine Mutter dreizehn Jahre alt wurde und sie wieder eine hauchdünne Scheibe vom Marzipan erhielt, sagte sie zu ihrer Mutter, dass sie – wenn sie einmal groß sei und Geld verdiene – das ganze Schweine kaufen und ihr schenken wolle. Ihre Mutter sagte damals nur, dass es schon recht sei. Ich denke, dass meine Mutter das nicht verstanden hatte, denn ich verstand es auch nicht.

So verging die Zeit. Meine Mutter machte eine Ausbildung, nachdem sie die Schule beendet hatte und verdiente bald richtiges Geld. Als sie neunzehn Jahre alt war und es wieder auf Weihnachten zuging, holte sie eine kleine Blechdose vom Küchenschrank. Darin bewahrte sie Geld auf, welches sie für das Marzipanschwein zurücklegte. Sie zählte es und stellte fest, dass es dieses Jahr endlich ausreichen würde, um das Marzipanschwein zu kaufen. Sie ging zur Konditorei und ließ es sich reservieren, damit niemand anders es kaufen konnte. Am Weihnachtstag so wollte sie es abholen und der Familie, besonders ihrer Mutter, als Geschenk präsentieren.

Es war wenige Tage vor Weihnachten als sie erfuhr, dass ihre Mutter verstorben ist. Noch vor dem Fest wurde sie bestattet. An Weihnachten wollte niemand mehr denken. Die Wunschzettel auf der Fensterbank verschwanden nicht mehr und es gab auch keine weihnachtlichen Backwerke. Der bereits geschlagene Tannenbaum blieb ungeschmückt im Garten liegen.

Meine Mutter erzählte, dass sie das Marzipanschwein trotzdem holte. Sie bezahlte es. Und trug es in einer großen Schachtel davon. Sie trug es nach Hause, zu ihrer Familie. Entzündete eine Kerze und öffnete die Schachtel. Nachdem sie das Papier entfernte, indem das Marzipanschwein verpackt war, strahlten die Augen im winzigen Schein der Kerze. Es war dieses Gefühl, welches meiner Mutter in Erinnerung blieb. Es gab keine Geschenke und keinen Baum, kein Festessen, aber das war nicht schlimm. Sagte sie immer. Es war nicht schlimm.

Und meine Mutter erzählte ihrer Familie davon, was sie ihrer Mutter mit dreizehn Jahren versprochen hatte. Sie erzählte, dass sie irgendwann, wenn sie genügend Geld habe, das Marzipanschwein erwerben werde. Und jetzt ist es recht, fügte sie an. Jetzt ist es recht. Nur, ihre Mutter erlebte das alles nicht mehr. Aber mitten in der Nacht wurde weit draußen ein Kind geboren.

Heute erzählt meine Mutter mir diese Geschichte.

Und ich glaube nicht, dass es Weihnachten gibt. Das fand ich erst jüngst heraus. Zumindest ist Weihnachten nicht mehr dasjenige, was an Weihnachten gefeiert wird.

Das wollte mir meine Mutter erklären, glaube ich. Deswegen glaube ich, dass Weihnachten das ist, was geschieht, wenn gerade nicht Weihnachten ist.

Unwesentliches

Der unmögliche Vorfall ereignete sich im Winter.

Entsetzlich langsam wurde die Zahl der noch zu fahrenden Kilometer auf dem Bildschirm des Navigationssystems weniger.

Ich fahre nahezu allein auf der Autobahn. Die Landschaft wird an mir vorbeigefahren. Sie sieht so aus wie die winterliche Landschaft in Deutschland aussieht. – Früheres Grün ist nun zu einem seltsamen Braun geworden.

Ich hasste lange Autofahrten und knappe sechshundert Kilometer bis zum Ziel sind weit. Etwa achtzig Kilometer bevor ich dich erreichen würde, fuhr ich von der Autobahn ab. Die Abfahrt mündete, nachdem sie eine ziemliche Biegung nach unten machte, in eine lange Bundesstraße ein.

Ich bog auf diese ein und fuhr etwa achtzig Kilometer durch ein Nichts. Nur selten erhoben sich Häuser an den Seiten und wenn, dann waren sie, in schrillen Farben, schon von einer etwas größeren Distanz aus sichtbar.

Ich denke mir, dass man in der Einöde wohl zu exzentrischen Fassaden neigt. Warum auch nicht. Sieht ja kaum einer.

Mitten in der Landschaft stand links ein relativ großes Gebäude. Es war nicht hoch, sondern hatte einfach nur eine große Grundfläche und hätte genauso auch in Thüringen oder Sachsen stehen können.

Hätte ich es dort entdeckt, dann hätte ich bestimmt gesagt, dass ich es schön finde. Ich hätte dann wieder über die Architektur und dem ästhetischen Ideal im Sozialismus gesprochen. Dafür konnte ich mich begeistern. Hier, in der westlichen Einöde, finde ich dieses Gebäude schrecklich.

Es ist einfach nur groß, rot und beherbergt eine Diskothek, die, so schien es, auch noch betrieben wird, denn auf einer Anzeigentafel vor dem Gebäude, waren aktuelle Veranstaltungen angeschlagen.

Gleichzeigt frage ich mich, in welchen Cafés, die wenigen Bewohner dieser Landschaft, morgendlich ihren Cappuccino trinken. Wahrscheinlich trinken sie ihn zu Hause, nachdem sie ihn mit ihren Kaffeevollautomaten zubereitet haben.

Trotzdem scheint es mir sinnvoll hier ein Anwesen zu besitzen, denn die Häuser sind riesig und modern gebaut, mit parkähnlichen Grundstücken drum herum. Ich schloss darauf, dass der Preis für Boden noch nicht sonderlich hoch sein kann.

In kleineren Ortschaften, es waren Durchgangsortschaften, die nur eine grüne Ortstafel hatten und keine leuchtend gelbe, gab es manchmal eine Haltestelle für den Zug.

Ich sah dort nie einen Zug fahren, aber es gab ein Gleis, welches hinführte und eines, welches wegführte. An dem Gleis, welches wegführte, standen hie und da Menschen.

Ich konnte es nur schwer glauben, als ich auf dem Bildschirm des Navigationssystems sah, dass ich mein Ziel schon in fünfzehn Kilometern erreichen sollte. Du hattest in deiner Einladung geschrieben, dass du in einer Siedlung, am Rande der Stadt, wohnst. Ich war überrascht, dass wenige Kilometer vor einer Stadt, in der doch mehr als einhunderttausend Menschen leben sollen, wie man es dem Internet entnehmen konnte, so wenig los ist.

Nachdem der Wald endete, baute der Horizont eine Stadt vor mir auf. Ich sah die vielen Lichter schon von Weitem und freute mich darüber, dass du am Rande der Stadt lebst und ich nicht ins Zentrum hinein fahren brauche.

In deiner Einladung schriebst du auch, dass ich dein Haus sofort finden würde, denn es ist das einzige, das in der Straße, in der du nun wohnst, zur rechten Hand liegt. Alle anderen Häuser, an dieser Straße, würden wohl links liegen.

Ich fand dein Haus sofort. Es lag als einziges rechts und ich sah noch dein altes Auto, aus der Studienzeit, in der Auffahrt stehen. Das Auto war ohnehin eines der wenigen Dinge, die aus deiner Studienzeit geblieben sind. Zumindest sagtest du mir das gestern noch am Telephon. Ich stellte meinen Wagen neben deinem ab.

Du standst bereits in der Türe, während ich meine Tasche aus dem Auto hob, und hast mich begrüßt. Als ich dir näher kam hast du mich umarmt und gesagt, dass du dich freust, mich nach so langer Zeit wieder zu sehen.

Ich stand nun in deinem neuen Haus und warf meine Augen verloren durch den Flur. Du meintest, dass die anderen Gäste alle schon da seien und bereits im grünen Zimmer auf mich warten würden.

Du hast mich also gleich ins grüne Zimmer geführt. Und ja, dort war alles ziemlich grün. Deswegen hieß das Zimmer wohl auch so.

Die anderen Gäste, die ich alle nicht kannte, standen in kleinen Gruppen beisammen, hielten Gläser und plauderten. Du drückst mir auch eines dieser Gläser in die Hand. Auf dem Boden schwimmt eine Cocktailkirsche, die sich durch die Kohlensäure im Glas eifrig um die eigene Achse dreht.

Wir hatten zusammen studiert, was wohl auch der Grund dafür war, warum ich zu dieser Party eingeladen wurde. Also, wir haben nicht wirklich zusammen studiert. Ich saß damals, in meinem ersten Semester an der Uni, im falschen Hörsaal, du warst bereits im zweiten Semester und hattest mir erklärt, wie ich zum richtigen Hörsaal gelange.

Wir studierten gar nicht dieselben Fächer. Deswegen kannte ich auch die anderen Menschen auf der Party nicht, denn die haben wirklich mit dir zusammen studiert. Wir freundeten uns trotzdem an. Zunächst grüßten wir uns nur, wenn wir uns vor den Seminarräumen oder in der Bibliothek über den Weg liefen. Später gingen wir mehrmals in der Woche zusammen einen Kaffee trinken.

Obwohl du dein Studium früher begonnen hattest als ich, hast du doch um einige Semester länger gebraucht. Aber mit dem Erhalt der akademischen Urkunde, vor einigen Wochen, hattest auch du die universitäre Ausbildung bestanden.

Die Urkunde hast du in Silber rahmen lassen. Sie hängt im grünen Zimmer, über einem kleinen Schränkchen, welches rechts neben der Zimmertür stand. Gleich nachdem du deine Abschlussarbeit geschrieben hattest, bist du aus dem Studienort weggezogen und hier her gegangen, weil man dir einen guten Job angeboten hatte. Das hattest du mir in deiner Einladung geschrieben.

Es waren etwa fünfundzwanzig Menschen im grünen Zimmer, dessen Mittelpunkt ein enorm großer Tisch war, der uns an diesem Abend als Esstisch dienen sollte und der, im Vergleich zum restlichen Zimmer, eher spärlich geschmückt war.

Jeden Platz an der Tafel hast du mit einer Namenskarte versehen. Auf den Karten standen aber nicht unsere wirklichen Namen, sondern unsere Spitznamen.

Du bist auf mich zugekommen und hast auf einen Platz, an der vorderen Seite des Tisches, gedeutet. Ich nahm an, dass ich wohl dort sitzen würde. Auf meiner Namenskarte stand *The Brain*. Das war der Spitzname, den du mir in meinem vierten Semester gegeben hattest, weil ich für meine guten Noten an der Uni ein Stipendium bekommen habe.

Ich fühle mich durchaus geschmeichelt. Denke aber, dass ich mich für gar nicht so intelligent halte und führe meinen Erfolg auf die viele Arbeit zurück, die ich mir gemacht habe.

Auf dem Namenskärtchen, welches links neben meinem stand, war *Iggy* geschrieben. Da hatte ich ja Glück.

Nach einer guten halben Stunde hatten sich deine Gäste am Tisch versammelt. Wir saßen deiner Sitzordnung entsprechend. Ich saß neben dir; du bist aufgestanden und hast begonnen deine Gäste zu begrüßen.

Du sagtest das Übliche: Dass du dich freust und dass wir zusammen feiern wollen, dass es ein buntes Essen gibt und wir alle Spaß haben sollen; wenn etwas fehle oder nicht passe, dann müssen wir uns nur melden.

In deinen Grußworten stelltest du mich deinen anderen Gästen vor, denn die kannten mich ja nicht. Du hattest mich gebeten auch ein bisschen etwas, zur Einstimmung auf den feierlichen Abend, zu sagen. Ich erzählte eine kleine Anekdote aus unserer gemeinsamen Studienzeit. Die Gäste lachten, du warst etwas verunsichert, fandest es aber dann doch ganz amüsierend.

Wie auch immer. Zusammen, mit zweien deiner Freundinnen, hast du große Teller mit allerlei Speisen in das grüne Zimmer gebracht.

Die Menschen füllten Gläser, Teller und ihre Mägen. Sie schmatzten zum Teil laut und anerkennend. Sie lobten dich nur in den feinsten Tönen. Ich hatte keinen Hunger und stocherte in den Häppchen herum, die ich mir auf den Teller legte. Ich schob sie minutenlang hin und her. Trotzdem lobte ich dich. Weil die anderen es auch taten. Die Häppchen waren dann kalt und ich brauchte sie nicht mehr zu essen, denn kalt schmecken sie nicht.

Ich fragte dich, ob du all die Leute hier aus deinem Studium kennst. Du bestätigst. Sie reden mit ihren Tischnachbarn und sprechen sich mit den Spitznamen an, die auf den kleinen Kärtchen stehen. Sie diskutieren über globale Märkte, den chinesischen Aktienmarkt und über den Goldpreis.

Solche Menschen sagen Sätze wie *Der asiatische Markt ist schon völlig überholt* oder *Das Investment in die Telekommunikation lohnt sich erst in einer Dekade wieder.* Andere sagen Sachen wie *Unternehmensführung gelingt am besten, wenn man es so macht wie Katharina die Große.* Ich fragte mich, was eine russische Zarin mit Unternehmungsführung zu tun hat und warum man ein Unternehmen ausgerechnet so führen sollte wie sie Russland.

Aber wieder andere erwidern darauf: *Ja, das ist wirklich eine spannende Überlegung, vielleicht sollte man dieses Gedankenexperiment wagen. Obwohl ich natürlich mit der aktuellen russischen Politik nicht einverstanden bin.*

Auf der anderen Seite hatte *Juri*, so stand es auf der Karte – der Name erinnert mich ungemein an Juri Gagarin – eine Diskussion über die europäische Wertegemeinschaft angebrochen. Ganz aufgeregt beteiligte sich eine Hand voll Gäste an diesem Diskurs. *Für Deutschland ist die Europäische Union sehr wichtig, vor allem für unseren Handel.* Juri denkt, dass Deutschland auch ohne die Union stark wäre, kennt aber durchaus an, dass mit ihr alles viel einfacher ist.

Eine sehr brünette, aber wenig geschminkte Frau von der Tischecke meinte, dass man die Europäische Union noch größer machen muss, *denn so schaffen wir ein Gegengewicht zu Amerika und dem asiatischen Markt.* Juri merkte dazu an, dass die Zeit der Großmächte vorüber sei.

Unweigerlich muss ich an Katharina die Große denken. Und obwohl ich mir sicher bin, dass Juri Großmächte sagte, weiß ich nicht, ob er nicht vielleicht doch eher Großmärkte meinte.

Ich wende mich in deine Richtung und frage dich, was das alles für Leute sind und warum die so reden. *Die haben alle Ökonomie studiert.* Das hatte ich befürchtet.

Ich kannte auch zwei oder drei Leute, die Ökonomie studiert haben. Den größten Teil des Studiums absolvierten sie allerdings in Schweden, am *Karolinska Institutet,* in Stockholm und die waren ganz anders. Die sprachen nicht über Katharina die Große und auch sonst hatte ich nur wenige russische Assoziationen, wenn ich mit denen sprach.

Ich stand auf und ging im grünen Zimmer ein paar Schritte umher. An der hinteren Wand fiel mir ein kleines, nicht gerahmtes Bild auf. Um es genauer betrachten zu können, musste ich beinahe das ganze Zimmer durchschreiten.

Zunächst erkannte ich, dass es sich um ein Werk von Koons handelte. Dann, dass es nur irgendein billiger Plakatprint war. Es hing da und passte irgendwie gar nicht in dieses Zimmer. Dieses Bild schien sich förmlich dagegen zu wehren, an dieser moosgrünen Wand hängen zu müssen, indem es einfach nicht in den Raum hinein wirken wollte.

Ich kannte die Collage von Koons; hatte in einem Bildband darüber schon einmal gelesen. Auch wenn ich denke, dass es im Original deutlich größer ist, als dieser Print, konnte ich die Begeisterung des Autors des Bildbandes über diese Arbeit teilen.

Der Print an deiner Wand war zwar billig, gefiel mir aber trotzdem. Ich erinnerte mich daran, dass ich erst vor einigen Tagen einer Freundin schrieb und sie um ihre Meinung über Jeff Koons bat.

Sie meinte, dass sie darüber gespalten sei, es aber faszinierend findet, dass ihm die Leute alles abkaufen, was er berührt. Sie meinte weiter, dass ich mich sicher für die Arbeiten von ihm begeistern könnte. Ich denke, dass sie mit beiden Einschätzungen richtig liegt.

Der unmögliche Zwischenfall ereignete sich dann so gegen zehn Uhr abends. Und eigentlich würde ich sagen, dass er keinerlei Bedeutung hatte. Aber er sorgte dafür, dass einer der Gäste die Feierlichkeit stotternd verlies und ich mir banal vorkam.

Ich wurde aus meiner gedanklichen Schwärmerei gerissen. Hinter mir stand Juri. Er hatte seine Krawatte inzwischen etwas gelockert und fragte mich, ob ich mich damit auskennen würde und warf einen Blick auf den Koons.

Ich meinte, dass ich ein bisschen darüber gelesen habe und blieb mit Absicht bescheiden, denn ich konnte ja nicht wissen, ob mein Gegenüber nicht doch mehr weiß als ich. Vielleicht hatte Juri nicht nur Ökonomie, sondern auch noch die Geschichte der Kunst studiert oder sich ein bisschen etwas angelesen, weil er in Kunstwerken einen zukünftigen Markt sah und Geld in Kunst anlegen wollte. Meine anfängliche Bescheidenheit hätte ich lassen können, denn Juri hatte keine Ahnung.

Er sagt, dass in Kunst kein Geld mehr steckt. *Heute steckt das Geld in Immobilien.*

Ich denke mir, dass er das nur sagt, weil er nicht der Verkäufer der Koons-Collage war. Unweigerlich denke ich an die Freundin, die sagte, dass man Koons alles abgekauft hat, was er berührt hatte und selbstverständlich an Juri Gagarin.

Ich fragte ihn, ob er im Bild noch etwas anderes erkennen würde als Geld. Er überlegte nicht besonders lange und meinte: *Nein.*

Es hatte den Anschein, als wollte er noch ein kluges Zitat, eines großen Denkers, hinterher werfen, doch ihm viel nichts ein.

Wie wäre es mit Vincent van Gogh, der er einmal etwas der Art sagte: Er habe keine Schuld daran, dass sich seine Bilder nicht verkauften, aber irgendwann würden die Menschen schon erkennen, dass sie mehr wert sind als nur das Material, aus dem sie bestehen.

Koons kannte dieses Problem nicht. Naja, vielleicht aus seiner Studienzeit. Da müsste man mal nachlesen.

Juri stotterte. Auf Geld angesprochen, hatte er plötzlich Angst davor. Er wandte sich ab. Vermutlich war es ihm unangenehm.

Und ging.

Im grünen Zimmer standen die Gäste da. Hielten Gläser in der Hand und warfen ihre Gesichter gen' Tür, die vor kurzem ins Schloss fiel.

Ich neigte meinen Kopf und sagte, dass Ökonomie doch eher ein Ressentiment als eine Wissenschaft ist.

Die anderen Leute im Zimmer hoben ihre Nase, die wohl im Moment oben getragen wird, wie Oscar Wilde schon wusste, taten sich in kleinen Gruppen zusammen und tuschelten.

An diesem Abend sprach niemand mehr mit mir. Ich kam mir banal vor. Aber unter den Idioten ist der Banale der König.

Meine Berühmtheit von F bis Z | Die Menschen benutzten laufend die Straßen. Und laufend benutzten die Menschen die Menschen. Sie drücken dich gegen Wände, von Häusern, die du nicht kennst. Dann bewerfen sie dich mit Gold, welches sie Freiheit nennen, was aber nie Freiheit ist, weil die Freiheit niemanden gegen Wände von Häusern drückt, die man nicht kennt. Insgeheim sehnen sie sich nach Ruhe und Sicherheit, die sie nicht bekommen, weil sie auf kaputten Straßen laufen und ausgenutzte Menschen gegen Wände drücken. Während sie dich gegen Wände von Häusern drücken, die du nicht kennst, bespritzen sie dich mit ihrer Unsicherheit; in der Hoffnung sie los zu sein. An den Wänden von Häusern, stehen dann die kaputtgenutzten Menschen in Bergen voller Gold. Und suchen insgeheim jemanden, der sie nach Hause bringt. F: Regnet es etwa? Z: Nein. Die spucken dich nur an. **Die Menschen benutzten laufend die Straßen. Und laufend benutzten die Menschen die Menschen. Sie drücken dich gegen Wände, von Häusern, die du nicht kennst. Dann bewerfen sie**

IV. LITERATUR IST #dadaPOP

Geständnis

Das beste Buch ist das, welches ich nicht geschrieben habe. Ich habe das Zweitbeste geschrieben. An allem schuld ist der Butterkeks. Ich bin fast blind. Und der Sonne ist übel. Nichts ist getrennt. **Allesisteins.** Zitate mag ich nicht. Gedichte nerven mich. Worte hasse ich. Ich existiere nicht. Für große Dichtung bin ich zu lebend. Für Romane zu faul. Für Philosophie zu dumm.

§§§

Geld-Kunst

Geld zu verdienen ist eine Kunst. Ich beherrsche sie nicht. Ich produziere immer nur. Kann aber nichts verkaufen. Aber ich müsste meine Produkte auch verkaufen können, um Geld zu haben.

Und dann würden die anderen kommen und sagen, dass ich keine Kunst produziere, weil ich ja Geld damit verdiene.

Ich mag Geld. Ich kann es ausgeben. Und davon Dinge kaufen, die ich brauche, um noch mehr Kunst zu produzieren.

Manche Künstler haben Leute, die die Kunst in deren Auftrag verkaufen, weil sie selbst auch nichts verkaufen können. Ich habe keine solchen Leute, weil ich sie mir nicht leisten kann.

Für meine Kunst interessierte sich mal jemand, der sie verkaufen wollte. Deswegen wurde ich eingeladen. Und ich bin dann zwecks Business-Kunst* nach Leipzig gefahren. Er erzählte etwas von Anteilen und Rechten. Ich erzählte ihm, dass ich es gerecht fände, wenn man mich nach der Anzahl der Sätze, die ich schreibe oder zumindest nach der Menge der Geschichten bezahlen würde.

Business-Kunst ist eine seltsame Sache. Denn der Verkäufer lädt dich in ein Restaurant ein, welches schön teuer ist und bezahlt dann auch alles. Ich frage mich, wieso man Business-Kunst nicht einfach am Imbissstand, um die Ecke, machen kann. Da wird man ebenso statt und es hat nicht den Anschein als würde man gerade etwas Wichtiges besprechen, weil man ja am Imbiss steht.

Ich sollte Business-Kunst nur noch bei belegten Brötchen mit Ei machen. Einfach, weil man sich nicht zu ernst nehmen sollte. Erst recht nicht als Künstler. Als Verkäufer vielleicht, weil man ja etwas mit Geld macht und das irgendwie alles seriös sein muss.

Es wäre interessant zu wissen, ob solche Leute ihr Geld wirklich wert sind. Ich meine, als Künstler muss man sie mit dem Geld bezahlen, welches diese Leute, durch das Verkaufen, hereingeholt haben.

Manche Künstler nehmen an Wettbewerben teil und messen sich dabei mit anderen Künstlern. Ich habe nicht das geringste Bedürfnis mich mit anderen zu messen. Bei einigen Wettbewerben kann man Geld gewinnen. Bei anderen geht es nur darum, dass sich die Künstler dem Publikum präsentieren, welches sich vielleicht für deine Kunst interessiert und sie dann kauft.

Bei anderen Wettbewerben gibt es eine Jury. Die Künstler stellen dann etwas vor und die Jury entscheidet. Aber ich denke, dass es auch ein Qualitätsmerkmal für deine Kunst sein kann, wenn du den Ingeborg-Bachmann-Preis nicht gewinnst.

Eigentlich sollte ich Geld produzieren. Das wäre perfekt. Ich produziere Geld und sage, dass das Kunst ist. Dann müsste ich die Kunst nicht einmal mehr verkaufen, weil es schon Geld ist. Ich hätte das Geld quasi schon. Wäre es nicht verboten, dann wäre es genial. Und ich bräuchte keine Leute, die meine Kunst verkaufen.

Ich sollte Geld malen.

Um zu produzieren beobachte ich die anderen. Ich schaue nur zu. Und dann mache ich etwas daraus. Ich kann nur beobachten. Zuschauen. Und etwas daraus machen. Ich produziere ständig.

Das meiste schmeiße ich weg. Weil es nichts taugt. Aber im Grunde wäre es egal, ob es taugt, denn ich verkaufe ohnehin nichts. Ich kann nichts verkaufen. Ich kann nur produzieren. Und Seiten füllen, die lieber leer geblieben wären.

Ich glaube an leere Seiten. Leere Seiten wären großartig. Aber ich verstehe nichts von leeren Seiten, weil ich ja ständig produzieren muss. Leere Seiten wären die größte Kunst, die ich machen könnte. Weil ich die leeren Seiten dann als Papier verkaufen könnte und die Menschen würden dann selbst etwas darauf schreiben. Einkaufszettel, Steuererklärungen oder Bevollmächtigungen.

Ich könnte leere Seiten verkaufen, weil die Menschen leere Seiten brauchen. Und obwohl ich weiß, dass die Menschen leere Seiten brauchen, schreibe ich sie voll, in der Annahme, dass ich Kunst produziere und dass die Seiten dann einen Mehrwert haben, weil ja Kunst darauf ist. Ich sollte den Leuten lieber die leeren Seiten lassen.

Möglicherweise ist es aber auch egal, ob ich etwas darauf schreibe oder die Seiten leer lasse, denn für meine Kunst besteht kein

Kaufzwang. Wer möchte, kann sich die beschriebenen Seiten, die eigentlich leer sein sollten, holen und wer das nicht möchte, kann sich ein Paket Druckerpapier kaufen.

Ich sollte Druckerpapier verkaufen.

Ich denke, dass man Kunst macht, wenn man glaubt, welche zu machen. Wenn man etwas macht, was die Menschen dazu bringt, es als Kunst anzugucken, dann ist es auch, ein Stück weit, Kunst.

Und während die Menschen überlegen, ob sie die Kunst gut oder schlecht finden, ob sie dafür also Geld geben würden oder nicht, sollte man noch mehr produzieren. Weil man unbedingt produzieren muss. Auch wenn man es nicht verkaufen kann, weil man keine Ahnung von Geld hat.

*Quelle: Andy Warhol: *Arbeit*: in *Die Philosophie des Andy Warhol von A bis B und zurück*. Aus dem Amerikanischen von Regine Reimers. S. 85ff. Frankfurt am Main, 2013.

Der Künstler verliebt sich, um der Kunst den Wert zu geben, während das Schwein zum Herzen hin niest

Ich denke, dass ich fünfzig Texte über dich schreiben könnte, ohne danach das Gefühl zu haben, dass sich irgendetwas verändert hätte. Einfach weil, März war und wir dieses Treffen hatten und du mit deinen Straßenschuhen in der Wohnung gesessen bist und einen Kaffee getrunken hattest und weil ich mich vielleicht ohne Verstand in dich verliebt hatte.

Bestimmt könnte ich fünfzig Texte über dich schreiben, weil du mir den Mond gezeigt hattest und ich dich dann noch nach Hause gebracht hatte, weil es weit nach Mitternacht war und überhaupt keine Busse mehr fuhren.

Weil du mich mit diesem Kuss verabschiedet hast und mir diese Nachricht geschrieben hattest, die ich nicht verstand, aber viel zu ernst nahm. Weil du dann wochenlang mit deinen Straßenschuhen in meiner Wohnung gesessen bist und Kaffee getrunken hattest, ohne Zucker und weil du mich auf die Stirn geküsst hattest und ich wirklich den Eindruck hatte, dass du mich mögen würdest.

Und wahrscheinlich war es auch so, dass du mich mochtest, aber als ich dir dann sagte, dass ich gerne mit dir zusammen sein möchte, hattest du nichts mehr zu sagen, hattest aber auch nicht damit aufgehört mich zu küssen, weil wir glaubten, dass da noch etwas sein musste.

Weil wir uns doch gemeinsam in meine große Decke gekuschelt hatten oder uns draußen eine Schokoladenmilch geteilt hatten und ich mich ohne Verstand in dich verliebt hatte. Was wir beiden wussten, weil ich immer ehrlich zu dir war und weil das wirklich keine große Sache war, da so etwas nun einmal passieren kann, wenn man versucht jemanden zu finden, der mit einem die Freitage verbringt, damit man nicht alleine an die Wand starren muss, die man dann am nächsten Morgen ohnehin nur mit Rotwein streichen würde.

Während du zugeguckt hattest, wie ich mich in dich ohne Verstand verliebte, bist du flexibel geblieben und hattest vergessen dich festzulegen, weil dir das mit dem Mond und dem Kaffee nicht so ernst war.

Obwohl du mich vielleicht sogar wirklich gemocht hattest, wolltest du einfach keine Entscheidung treffen, weil ich Künstler war und du vergessen hattest, dass es in deinem Leben gar nicht darum ging jemanden zu finden, der sich in dich ohne Verstand verlieben würde, sondern vielmehr darum, dass du bloß nicht dein eigenes Lied singen musst, wahrscheinlich, weil du auch überhaupt nicht singen konntest.

Das ist wirklich eine traurige Sache, weil du das Schwein bist, dass zum Herzen hin niest und ich meinen Verstand verlieren musste, damit ihn deine Eltern behalten konnten, weil sie nicht wissen durften, dass du mit fünfundzwanzig Jahren nicht in der Lage bist an die Selbstbestimmung zu glauben und weil du dich wirklich nicht festlegen wolltest, obwohl du wusstest, dass mir der Mond alles bedeutet.

Der Mond bedeutet mir alles.

Um ehrlich zu sein, denke ich, dass ich sicher fünfzig Texte über dich schreiben könnte, ohne danach das Gefühl zu haben, dass sich irgendetwas verändert hätte, weswegen ich nicht einen davon schreibe, weil du von all den Menschen, die in meine Welt gekommen waren, die größte Enttäuschung warst.

Derivation

Dadaism is thinking about me
Dadaism is about me
Dadaism is me
Dadaism is
Dada
Da
Da

Denn sieh 2016

frei nach Rainer Maria Rilke

Denn sieh: sie stehen stark in diesen Tagen
und sie klagen, verhöhnen diese Zeit,
entfernt von all den großen Fragen
der europäischen Bitterkeit.

Denn sieh: sie wohnen auf uns'ren Plätzen,
nutzen den Raum, der noch verblieben ist;
beschmieren die Atmosphäre mit den Sätzen,
die unsere Depression nicht länger vermisst.

Denn sieh: wie einig sie das Volk dort sind,
dabei zum Protest erhoben Haupt und Hand,
gebären ein ganz besonders frommes Kind,
sprechen im gesunden Menschenverstand.

Denn sieh: jede Angst kennt auch ein Ende,
wenn über Parolen der Sinn verrinnt
und wir unsere aufgescheuchten Hände,
einander reichen, weil die Hände aller Stände,
aller Völker müde sind.

Szenischer Kurzfilm

Dass war das letzte Mal, dass ich hier war. Nie mehr wieder möchte ich hier her zurück. Ich habe nie so richtig verstanden, was die Menschen an den immer gleichen Orten hält.

Am liebsten würde ich meinen Namen ablegen. Vielleicht sollte ich ihn einfach hier lassen, denn ich möchte nicht mehr so heißen. Ich lege meinen Namen hier hin und gehe ohne ihn weg.

Du bist zu deinem Auto gegangen, hast in ihm Platz genommen und bist davon gefahren. Ich laufe nach Hause. Es ist Winter. Ich habe einen dünnen Pullover an. Der Wind weht aus östlicher Richtung.

Wir schwiegen uns an und gingen dann weg. In die Kälte. Stehen an Haltestellen, an denen keine Züge kamen.

Wieso glaubt eigentlich jeder, dass ich unverletzlich bin. Das ist eine komische Frage. Denn wahrscheinlich glaubt das nicht einmal jeder. Jeder, das sind irgendwie so viele. So viele kenne ich gar nicht. Und wenn mit jeder die gemeint sind, die ich kenne, dann weiß ich nicht, ob die das wirklich glauben.

Ich glaube, dass die meine Aura meinen. Sie sagen dann zu mir, dass sie an dem interessiert sind, was hinter der Aura ist. Aber da ist nichts.

Deswegen glaube ich an Schönheitsoperationen und schöne Nasen.

Aber eigentlich bin ich eine Art Waisenkind. Irgendwann hat man damit angefangen meinen Kopf zu verlassen. Weil er so kompliziert war.

Ich beschloss also, nichts mehr zu essen, bis alle sehen konnten, dass es nicht richtig ist, deren Unfähigkeit auf mir abzulegen.

Nichts essen ist eigentlich ganz einfach. Man muss nur extrem viel trinken und den Tag vor dem Fernseher verbringen. Oder Bilder aus der eigenen Schulzeit durchsehen, dann bekommt man Magenkrämpfe und hat keinen Hunger mehr.

Dann sitzen sie da, die Lehrer und Väter und heulen ob ihrer Ohnmacht. Und fragen sich vielleicht etwas. Aber es ist dann schon zu spät. Und außerdem ist es egal. Es ist egal, weil es einfacher ist, wenn der andere das

Problem ist und nicht man selbst. Denn der andere geht weg.

Müsste man sich eingestehen, selbst das Problem zu sein, ist alles viel schwieriger. Denn selbst kann man nicht so einfach weggehen. Man kann nicht den problematischen Teil seiner Person absondern und ihn weggehen lassen. Deswegen ist es gut, wenn der andere das Problem ist. Der geht weg. Man braucht sich eben dann nicht mit sich selbst beschäftigen. Das ist einfacher. Ich gehe also weg.

Ich denke, dass mein ganzes Leben, für mich, nicht geklappt hat. Vielleicht mache ich einen Film. Acht Stunden Standbild.

Wir treffen uns in einem Café. Du findest Kühe doof und fragst, ob wir noch einen Kaffee trinken wollen. Und meinst eigentlich, ob wir heute noch vögeln.

Ich steige in eine Straßenbahn; du hältst mich nicht auf. Wahrscheinlich hatte ich das erwartet. Ich fahre in die Dunkelheit, bis ich satt bin. In der Straßenbahn sitze ich hinten. Schaue aber nicht zurück.

Ich sage, dass der Kaffee ja schon eine ganze Weile hier steht und es daher kein

Wunder ist, dass er bereits abgekühlt sei. Was ich eigentlich meine ist, dass ich nicht alleine sein will und mir daher egal ist, wohin wir gehen.

Es ist irgendwie schade, dass Gehirntransplantationen noch nicht möglich sind.

Du liegst im Straßengraben. Nachdem du im Nebel einem Fuchs ausgewichen bist. Ich finde dich. Und gehe weg.

Zuhause starre ich an eine Wand, die ich am nächsten Morgen streiche. Mit Rotwein. Der Rotwein sagt, dass ich nicht weinen soll. Er gibt mir aber ansonsten keine Ratschläge. Wahrscheinlich meinte er es aber nur gut. Ich drehe mich um. Und gehe weg.

Ich habe inzwischen vier Stunden meines Filmes produziert. Standbild. Besonders schwer fallen mir immer noch die Schnitte. Ich möchte sie so hart wie möglich haben. Damit man sieht, dass es ein Film ist. Und nichts anderes. Das ist nur Kunst. Und nicht das Leben. Das Schönste an München ist der *McDonald's*.

In der Klinik erzählen die mir etwas über mich. Ich bin verwirrt. Und esse einen Salat. Ich zeige denen meinen Film.

Mit einem Kugelschreiber tue ich so, als würde ich fixen. Und wenn ich nur noch schwarz bin, also im Schatten stehe, sieht es fast real aus.

In der Nacht habe ich davon geträumt, dass ich Andy Warhol erschossen habe. Was ich natürlich nicht habe. Weil das ja schon so eine andere Verrückte war. In einem Buch lese ich, dass man Warhol den Spitznamen *Drella* gegeben hatte.

Nach vier Monaten habe ich eine neue Identität. Die Behörden haben mir erlaubt, meine Namen zu ändern. Du findest mich nicht mehr. Das Bild auf dem neuen Personalausweis sieht mir nicht ähnlich.

Ich produziere den letzten Teil meines Filmes. Endlich sind die Schnitte zwischen den Bildern so hart wie ich sie haben möchte.

Die Menschen starren auf den Film und sehen einen Film. Er zeigt Dinge aus der Welt. Die aber weit weg sind. Der Film ist der Film. Der Schnitt ist der Schnitt. Oder ein Quantensprung.

Ich sage, dass der Film eine Autobiographie ist. Die Beobachter konnten mich im Film nicht finden.

Ich laufe nach Hause. Während du im Auto sitzt und wo anders bist. An dem anderen Ort war ich schon lange nicht mehr. Mit meinem neuen Personalausweis darf ich da nicht mehr hin. Aber das ist okay für mich.

Behind the aura. Behind my burqa.

Du brauchst gar nicht erst suchen. Du suchst trotzdem. Bildest dir ein, etwas gefunden zu haben. Ich warte bis es dunkel wird und sitze in Bars. Warte auf Kerle, die fragen, ob wir noch einen Kaffee nehmen sollten und eigentlich fragen wollen, wann wir endlich miteinander schlafen. Ich sage okay. Und gehe weg.

Die Straßenbahn fährt an mir vorbei. Sie hält, obwohl dort überhaupt keine Haltstelle ist. Ich steige ein. Und verschwinde im Schnitt. Der Schnitt ist ein Ort, an dem all die Waisenkinder sitzen, deren Köpfe zu kompliziert waren und die daher verlassen wurden. Wenn man im Schnitt sitzt, dann ist das gut, denn das heißt, dass man noch nicht kaputt ist.

Da gibt es nämlich noch einen anderen Ort. Der hat viele Namen. Und dort wohnen viele Waisenkinder. Manche Waisenkinder wohnen im Eierlikör. Andere im Rotwein. Wieder andere im Jamaica Rum. Die ganz schlimmen wohnen im Bier. Wie gesagt: Dieser andere Ort hat viele Namen. Und viele Wohnungen. Alle Wohnungen sind vermietet. Wo gibt es heute noch Mietverträge auf Lebenszeit?

Ich bin Arzt und mache meinen Kunden schöne Nasen. Für wenig Geld. Ich mache die Menschen schön. Ich glaube an Schönheitsoperationen und schöne Nasen.

Sie nannten Andy Warhol *Drella*. – Ein perverser Verschnitt aus den Worten Dracula und Cinderella.

Ich verschneide Nasen. Und schöne Gesichter. Denn ich lebe im Schnitt. Behind the fragrance.

#dada

#dada ist die Religion, an die ihr nicht glaubt. Weil #dada gegen den Krieg ist, den ihr führt. Und weil #dada gegen die Waffen ist, die ihr baut. Weil #dada gegen das Geld ist, das ihr anbetet. Weil #dada gegen euren Fanatismus ist, den ihr aus euren Vorurteilen zimmert. Weil #dada gegen euren Hass ist, mit dem ihr alles bespritzt habt. Weil #dada gegen eure Idole ist, deren Nimbus ihr selbst tragen wollt. Und weil #dada gegen euren Kleingeist ist, mit dem ihr die Stumpfsinnigen regiert. Weil #dada nichts ist. Und trotzdem alles. #dada, das bin ich.

V. Suche nach Gold

aufbruch

aufbruch
bedeutet irgendetwas
wahrscheinlich
aber das meer
es ist irgendetwas
mit sicherheit

Das Leben in Bahnhofscafés

Wenn die Menschen Sehnsucht haben, dann fahren sie ans Meer. Obwohl sie vielleicht viel lieber in die Stadt gefahren wären. Oder sie laufen zum Bahnhof. Weil es dort Marshmallows regnet.

Im Bahnhof zu sein, das ist quasi wie ans Meer zu fahren. Im Bahnhof zu sein, ist die Gewissheit, in einen Zug steigen zu können und weg zu sein. Oder zu bleiben. Und die ausfahrenden Züge zu beobachten. Oder die Menschen. Wie sie in ihre Züge steigen. Und ihren Geschäften entgegen fahren. Oder ihren Freunden. Vielleicht auch ihrer Sehnsucht.

Im Bahnhof zu sein, ist genau das. Die Gewissheit zu haben, jeden Moment in einen Zug steigen zu können und weg zu sein. Es geht gar nicht um das Wegfahren. Es geht gar nicht um das Meer. Es geht nie um das Meer. Es geht um Marshmallows. Und die Gewissheit. Deswegen laufen die Menschen zum Bahnhof.

Das machen sie dann vier Tage lang. Oder fünf. Vielleicht auch Wochen. Oder Jahre. Sie laufen zum Bahnhof und sitzen in den Bahnhofscafés. Um sich der Gewissheit zu versichern. Und um Marshmallows zu essen.

Dabei beobachten sie die Züge, die den Bahnhof verlassen und werfen ihnen ihre Sehnsucht hinterher. So etwas machen die Menschen dann jahrelang. Vielleicht sogar ihr halbes Leben. Wie auch immer.

Irgendwann steigen sie dann einfach ein. Sie kaufen eine Karte und steigen in einen der Züge ein. Dann sind sie weg.

Und wenn sie zurückkommen, dann regnet es im Bahnhof immer noch Marshmallows. Und sie sitzen in ihren Bahnhofscafés. Wie zuvor. Und trinken ihre Kaffeespezialitäten. Sie versichern sich der Gewissheit und werfen den Zügen alles hinterher. Alles wie zuvor

Weil es eben nie darum ging weg zu sein. Weil es nie um das Meer ging. Es geht nie um das Meer. Und das Wegsein. Es geht um die Marhsmallows. Und um die Gewissheit. Auch um die Bahnhofscafés, in denen die Menschen wissen, was du gerne trinkst.

Wenn du in einem Café sitzt und darüber nachdenkst, warum du dort sitzt. Warum du dir ausgerechnet dieses Café ausgesucht hast. Und du dann so ein bisschen weinen musst. Dann stellst du dir die falschen Fragen. Einfach, weil alles klar ist.

Das ist dann so etwas wie das Meer. Deswegen laufen die Menschen zum Bahnhof. Weil sie sich nach Kaffeegetränken sehnen. Und eben nach Marshmallows. Das ist alles. Die ganze Bedeutung der Sache.

Wenn sie einen Ort gefunden haben, an dem es Marshmallows regnet, dann ist das alles gewesen, wonach die Menschen gesucht haben. Sie wollen nur in Bahnhöfen sitzen, in denen es Marshmallows regnet. Das ist alles.

Und vor dem Café ziehen weiter Menschen vorbei. Mit Koffern und Tüten. Die Menschen hetzten von Gleis zu Gleis, nehmen belegte Brötchen mit Mayonnaise und klemmen sich Zeitungen unter den Arm.

Manche tragen Ausdrucke auf Din-A4-Papier und Kinder. Sie kommen aus Berlin, Paris, Dresden, Düsseldorf. Sie kommen vielleicht auch aus Syrien, Afghanistan, dem Irak und Eritrea.

Alles wonach sie suchen ist die Gewissheit. Währenddessen ziehen im Bahnhof mehr Polizisten als sonst ihre Runden. An gewöhnlichen Tagen waren hier schon viele unterwegs. Jetzt sind es mindestens noch einmal so viele.

Sie helfen jenen, die Din-A4-Ausdrucke und Kinder tragen. Die Polizisten zeigen in Richtungen und auf Ausgänge.

Daneben geht der Tag weiter. Weil wir eben alle nach einem Ort suchen, an dem es für uns Marshmallows regnet. Das ist die ganze Sache. Und das Meer? Es ist weit weg. Weil es darum gar nicht geht.

Krieg

Ich kann die Amerikaner nicht ernst nehmen, wenn sie mir erklären, dass es einen Krieg gibt, der moralisch gerechtfertigt werden kann.

Die These lautet. Der Tod im Krieg ist kein Heldentod. Es hat nichts Rühmliches an sich im Krieg zu sterben. Der Tod im Krieg ist ein falscher Tod. Das ist nicht heldenhaft. Es ist nicht rühmlich für sein Land zu sterben. Jeder stirbt für sich alleine. Auch wenn das die Amerikaner nicht hören wollen.

Die Provokation. Wahrscheinlich ist es einem Land egal, wie viele Menschen es verloren hat.

Ich erwarte von einem Land keinen intellektuellen Austausch darüber. Ich erwarte von einem Land, dass es das Blut in die Erde lässt.

Und manche kämpfen trotzdem, weil man ihnen Gold versprochen hat, während andere weggehen. Wenn sie können. Also, wenn sie Geld haben.

Ansonsten sitzen wir hier vor unseren Fernsehgeräten. Sehen die Nachrichtenmagazine. Die sich schon immer die gleichen Fragen gestellt haben.

Der Krieg ist ein anderer. Aber er hat die gleichen Fragen. Oder warum fragen die immer noch danach. Was machen wir eigentlich, wenn wir keine Antworten finden? Und warum machen zwei Männer, die Händchen halten, manche Menschen wütender als Männer, die Waffen halten.

In den Nachrichtenmagazinen stehen kostümierte Menschen, mit Notizen, vor bunten Graphiken und systematisieren die Fragen.

Sie lesen Tabellen vor. Und zeigen Säulendiagramme. Letzte Woche gab es mehr Tote. Diese Woche nur ein paar. Als ob man das so einfach sagen könnte.

Wenn Krieg ist, dann stellen die Nachrichtenmagazine immer die gleichen Fragen. Die Redakteure zeichnen Tafeln.

Sie zeigen Länderkarten und Pfeile. Die Pfeilspitzen sind auf Europa gerichtet und liegen im Mittelmeer. Während manche weiter um ihr Gold kämpfen und andere flüchten. Also weggehen, wenn sie Geld haben.

Die Moderatoren erklären Zusammenhänge. Deuten auf die Länderkarten; machen große Bewegungen und geben Zahlen wieder.

Ein Sprecher liest Nachrichten vor. Nachrichten aus Paris. Nachrichten aus Brüssel. Nachrichten aus Köln. Nachrichten aus Dresden. Nachrichten aus London. Nachrichten aus Amsterdam. Nachrichten aus Stockholm. Nachrichten. Nachrichten.

Ein Kommentator sagt etwas.

Danach: Sport.

Dann das Wetter.

Spielfilm.

Haltet Händchen anstatt Waffen.

Moral

Der umgestürzte Baum
in einem Wald,
den niemand kannte.
Die zertretene Blume
an einem Wegrand,
die niemand sah.
Der tote Mensch
auf einem Schlachtfeld im Krieg,
den niemand wollte.
Das Wesentliche: die Moral?
Nicht alles hat eine Moral.
Der Krieg hat ja auch keine.

Wintereinbruch

Während die Welt versuchte nicht kaputt zu gehen, habe ich mich dazu entschieden, mein Schloss zu verlassen, obwohl es draußen inzwischen Winter geworden war. Das Bedrohliche an diesem Winter ist, dass ich nicht weiß, ob er überhaupt noch enden wird.

Und dann frage ich mich, was ich jetzt noch tun kann. Weil eben Winter ist und weil er einfach nicht endet. Und weil dieser Winter den Menschen Kugeln in den Schädel jagt. Während sie in Cafés sitzen, Architektur angucken oder einfach nur falsch sind. Weil sie in einen Zug steigen oder am Flughafen, auf ihre Rückflüge, warten. Dabei sind sie einfach nur falsch und wissen gar nicht so recht was geschieht, wenn es plötzlich Winter wird. Das alles bedroht mich also.

Deswegen sitze ich in meinem Schloss und beobachte, durch den Fernseher, wie es draußen langsam Winter wird und die Welt versucht nicht kaputt zu gehen. Weil es so viel einfacher ist im Schloss zu sitzen, die

Dinge zu beobachten und darauf zu hoffen, dass der Winter vorüber geht. Und dann frage ich mich eben, was ich jetzt noch tun kann. Weil es einfach Winter ist. Und dieser Winter vergessen macht, dass gerade die Wiesenblumen blühen oder der Domplatz immer noch golden ist. Dass ich immer noch atme und eben noch diese süße Limonade getrunken hatte. Dann gebe ich zu, dass ich das alles nicht aufgeben will.

Also entscheide ich mich und verlasse mein Schloss, weil ich nicht länger durch den Fernseher beobachten kann wie es draußen Winter wird und wie die Welt versucht nicht kaputt zu gehen. Und weil ich in meinem Schloss zwar sicher, aber nicht hilfreich bin. Weil wir wirklich alle brauchen, wenn es so einen langen Winter hat.

Während die Welt also versucht nicht kaputt zu gehen, verlasse ich mein Schloss, und beginne damit, den Schnee zu schippen.

Gold

Wir suchen nach Orten,
an denen es Gold regnet.
Und wenn wir sie gefunden haben,
dann fürchten wir den Tag,
an dem wir sie verlassen müssen.
Weil einfach alles daran,
wirklich alles, falsch wäre.
Und weil man Gold nicht
alleine zurück lässt, wenn
man es einmal gefunden hat.

Collage

Erkenntnis. Heimat gibt es nicht.
Geständnis. Ich habe gestern Heimat gefunden.

Cut.

Der Plan war, den letzten Zug um 2:42 Uhr, zu nehmen. Ich stand am Bahngleis Nummer eins und war erstaunt darüber, dass ich alleine war.

Selbstverständlich war ich mir eines darüber, dass es bereits spät war, aber ich dachte auch, dass der Zug doch nur fahren würde, wenn es sich lohnt und wenigstens ein paar Fahrgäste einsteigen.

Vielleicht war es aber auch nur Zufall, dass heute, außer mir, niemand zusteigen wollte.

Es war nun 2:42 Uhr, doch es fuhr kein Zug ein. Auch zehn Minuten später stand ich an der Eins immer noch alleine. Dreißig Minuten sind vergangen. Ich entdeckte den Ersatzfahrplan. Der Zug um 2:42 Uhr fällt aus.

Cut.

Der nächste Zug kommt um kurz vor fünf Uhr. Ich ging das Bahngleis ab. Und fragte mich, was ich tun könnte.

Das obere Ende des Gleises endete in einem Bistro, welches bereits geschlossen hatte. Das untere Ende ging in eine verwilderte Böschung über und war schlecht ausgeleuchtet. Die kleine Bahnhofshalle war verschlossen.

Ich überlegte mir, wo ich mich verstecken könnte, wenn jetzt ein böser Mann käme. Es kommt natürlich nie ein böser Mann. Man sagt das nur so. Ich beschloss den Bahnhof, Richtung Innenstadt, zu verlassen.

Cut.

In der Innenstadt war ich verloren. Ich wohne keine sechzig Kilometer entfernt, trotzdem kenne ich mich hier nicht aus. Ich war durch die Innenstadt immer nur hindurch gefahren.

Jetzt bin ich verloren. Ich lief durch diese Stadt, die ich so noch nicht sah.

Es war dunkel und die Häuser erhoben sich wie ein einziger, grauer Betonblock neben mir. Wenn es dunkel ist, dann wird die Welt quadratisch und grau. Sie verliert das Bunt. Wenn du um drei Uhr nachts alleine durch eine Innenstadt läufst, dann gehört sie dir. Du bist alleine. Alles gehört dir. *I am free. I am free like my hair.*

Cut.

Ich lief wohl schon fast eine Stunde ziellos durch die Straßen, als ich die Bude des Späti-Mannes entdeckte. Er hatte noch geöffnet und las bereits die Morgenzeitung. Bei ihm trank ich drei Kaffee und einen Korn. Weil er auch einen trank. Für vier Euro gesamt. Der Späti-Mann hatte Zeit und erzählte von dieser Stadt. Zu dieser Uhrzeit gehört die Stadt ihm. Nur heute muss er sie teilen. Er gab mir noch einen Korn aufs Haus.

Cut.

Ich kroch weiter durch die engen Gassen der Stadt. In der sich Altbau an Bauhaus reihte. In der Dönerläden in Boutiquen übergingen. Und jede zweite Straße hieß Schillerstraße. Ich kam in einen kleinen Park, der etwas höher lag, als der Rest der Stadt. Wahrscheinlich befand ich mich im westlichen Teil, denn der West-Bahnhof war unweit.

Um den Park herum standen großflächige Häuser, mit Säulen und Vorgärten und Sprossenfenstern aus Holz. In den Einfahrten parkten schwarze Autos. Alles war ruhig. Es war Juli und die Nacht war warm.

Wenn man im Park stand und zwischen den Bäumen hindurch blickte, hatte man eine Aussicht über die Altstadt.

Ich lehnte mich an einen dieser Bäume und entdeckte wie sich links neben mir die Sonne nach oben drückte. Es schien so, als würde sie dafür nicht besonders viel Kraft benötigen. Kein Wunder, wenn die Erde die ganze Arbeit macht.

Cut.

Während ich zurück zum Bahnhof ging, verfolgte die Sonne meinen Lauf. Die Vögel nutzten die Menschenleere für ein Konzert.

Sie schienen nicht traurig darüber zu sein, dass sie kein großes Publikum hatten. Die Vögel wollen keinen Beifall und brauchen auch keinen roten Teppich. Sie sind einfach da.

Cut.

Kurz bevor ich den Bahnhof erreichte, fing mich der Geruch des Julisommers ein. Ein Geruch, den ich noch aus meiner Kindheit kannte, die ich auf dem Land verbracht hatte. Es roch nach den ersten Lindenblüten, einer Klarheit und Wärme. Ich stand inmitten einer Stadt, mit drei Bahnhöfen, durch die sich eine Autobahn zog und trotzdem gab es diesen Geruch. Die aufgehende Sonne erhellte den Geruch und die Vögel gaben den Takt. Ich atmete tief ein und hatte den Sommer in mir. Ich atmete aus und gab ihn zurück an die Welt, der der Sommer gehört.

Cut.

Es ist kurz vor fünf Uhr und der Zug fuhr ein. Neben mir stiegen nur wenige Menschen zu. Vor allem welche in blauen Overalls und Rucksäcken. Ich saß mit dem Rücken zur Fahrtrichtung.

Meine Wut darüber, dass ich die Nacht in einer Stadt verbringen musste, in der ich verloren war, war nichtig geworden. In meinem Kopf bildeten sich Collagen.

Collagen. Additive Kunst; bestehend aus Verbindungen und Überdeckungen. Die Collage dieses Sommers war weiß. In meinem Kopf überdeckten sich monochrome Weißtöne und legten die Collage dieses Sommers; aus Kitsch und Sentimentalität, ohne sich dabei ernst zu nehmen.

Cut.

Laut Übersichtstafel dauert die Zugfahrt noch dreißig Minuten. Dann musste ich ihn verlassen.

Vielleicht waren es die Collagen, das Gefühl der Fremde oder die Müdigkeit, aber ich hatte zum ersten Mal den Gedanken, dass ich nach Hause komme. Dieser Gedanke gab der Collage den Rahmen.

Der Zug wurde langsamer.

Links und rechts hingen leuchtende Punkte im Himmel. Während der Zug in den Bahnhof einfuhr, erbaute der frühe Morgen, neben mir, ein Zuhause.

Die Dachkonstruktion des Bahnhofes war bereits im Diesigen zu erahnen. Eine Stimme gab Anschlüsse zur Weiterfahrt durch. Ich dachte, was für ein Glück, dass ich nun aussteigen und bleiben kann.

Auf dem blauen Bahnhofsschild stand der Name meiner Endhaltestelle. Das Schild war mit zwei Strahlern beleuchtet. Davon war einer defekt, weswegen der hintere Teil der Beschriftung in einem Dunkel verschwand.

Neben mir stiegen fast alle, die sich noch im Zug befanden, aus.

Cut.

Im Bahnhof hängt ein Plakat. Auf ihm steht: *Schön, dass Du da bist.*

Erfurt

Ich fürchte den Tag, an dem ich von hier wegziehen muss.

Der Bus fuhr ein. Eine Automatenstimme faselte irgendetwas von Endhaltestelle und dass alle aussteigen sollen. Ich stand an der zweiflügeligen Tür des Busses. Sie öffnete sich. Und der erste, schon kalte, Herbstwind stieß mir entgegen.

Vor mir erhoben sich Steine und Treppen. Hinter mir streckte sich Fachwerk nach oben. Die Häuser reihten sich aneinander wie Scherenschnitte. Nur in bunt und ungleich.

Die Scherenschnitte bildeten Blöcke, durch die sich kleine Gassen zogen. In den Gassen liefen Menschen und trugen Blumen in Zeitungspapier unterm Arm. Sie aßen lange Würste. Durch die Häuser schob sich eine Straßenbahn.

Ich folgte den Gleisen, tat es der Straßenbahn gleich und schob mich durch die Häuser. Die Scherenschnitte mündeten in Plätze und Märkte. Hier hielt die Straßenbahn. Und die Menschen, mit den Blumen in Zeitungspapier, stiegen ein. Ich schloss mich ihnen an.

Die Straßenbahn fuhr an und raste an den Scherenschnitten vorbei, die sich in den Fenstern der Bahn, auf der gegenüberliegenden Seite, spiegelten. Eine andere Automatenstimme sagte, dass ich in alle Stadtbahnlinien umsteigen könne, wenn ich die Bahn jetzt wieder verlasse. Ich verließ sie. Und stand im Wohnzimmer.

Um mich herum Schnörkel und Gold. Dazwischen Bauhaus und Menschen. Kleine Bäume färbten das Grau. Sie färbten jenes Grau, welches die Fassaden und bunten Einkaufstaschen, die die Menschen hier trugen, nicht zu färben vermochten. Und auch nicht deren Blumen.

Ich stand etwa in der Mitte des Wohnzimmers und blickte in den Himmel. Ich sah ein Blau, welches kalt anmutete. Es war nicht dieses Blau, das man im Sommer am Himmel sah. Es war jenes Blau, bei dem man den Eindruck gewinnen konnte, dass es schon müde geworden war. Trotzdem sah alles sehr schön aus. Die tiefen Sonnenstrahlen leuchteten das Wohnzimmer aus, von dem Scherenschnitte in alle Himmelsrichtungen abgingen. Sie wurden zu Blöcken mit Gassen. Hie und da erhob sich ein Turm. Die Türme waren nicht so bunt und ungleich wie die Scherenschnitte.

Straßenbahnen fahren ein, Menschen steigen aus und schoben sich weiter in die Häuser hinein. Sie trugen Blumen und Papiertüten. Kaffeebecher, Baguettestangen und Zuckerwatte. Und verschwanden in den Scherenschnitten.

Das ist jetzt über ein Jahr her. Als ich das Wohnzimmer betrat und es nicht mehr verließ. Ich fürchte den Tag, an dem ich von hier wegziehen muss.

object in front of a building

die welt sitzt auf waschbeton | zwischen
sternen und dem mond | warten wir auf den
sand | während da oben die wolken sind
erzählst du mir irgendetwas |wolken überho-
len wolken | autos überholen autos | auf der
a4 nach dresden | und du erzählst | während
die sonne den waschbeton erwärmt auf dem
wir sitzen | und die welt sich weiterdreht |
du küsst mich | während ich zwischen den
sternen auf den sand warte | der immer
nachts kommt | bis dahin überholen wolken
autos | und wolken schlagen sich über wol-
ken | autos schlagen sich über autos | auf
der a4 nach dresden | die welt sitzt auf war-
men waschbeton |der wind ist nach hause
gegangen | |

VI. Grand Fatigue

Self In Drag

Es muss schon weit nach Mitternacht gewesen sein, als ich die vierunddreißig Treppenstufen, von meiner Wohnung, zum Innenhof unseres Mietshauses, hinab stieg und mich in mein Auto setzte. Wenig später fuhr ich los.

Ich erinnere mich noch daran, dass ich beim rückwärts Ausparken ein bisschen zu früh das Lenkrad nach rechts legte und der vordere Teil des Autos eine niedrige Hecke mit roten Beeren streifte. Ich fuhr sechsundachtzig Kilometer.

Das konnte ich am nächsten Tag, durch das Wissen über den ursprünglichen Stand der bisher gefahrenen Kilometer, erschließen. Nach einer langen Fahrt, über eine dreispurige und völlig leere Autobahn, habe ich diese, über eine Ausfahrt zu einem Rastplatz, verlassen. Ich griff mit meiner rechten Hand an die Decke des Autos, etwa in Höhe des innenliegenden Rückspiegels und schaltete die Leselampen an. Im Spiegel sah ich mich. Obwohl ich denke, dass roter Lippenstift inzwischen aus der Mode ist, trage ich ihn. Im Grunde habe ich ihn ganz akkurat aufgetragen.

Nur an der Oberlippe fiel es mir schwer. Farblich passt er nicht ganz zu dem Rot, welches sich auch auf meiner Krawatte zeigt, die mein bis oben hin geschlossenes und weißes Hemd, mit einem festen Knoten, an meinen Hals drückt.

Nur der Schatten, den mein Kinn in den unteren Bereich legte, sorgte dafür, dass man nicht meinen könnte, dass mein Kopf direkt auf dem Krawattenknoten aufsitzt.

Es war wohl etwa sechs Uhr. Ich steuerte das Auto wieder in den Innenhof. Der Zeitungsbote schob gerade die Wochenzeitung, vom Donnerstag, durch den schmalen Spalt im Briefkasten, denn ein eigenes Fach für Zeitungen hatten wir nicht. Die Zeitung kommt immer gegen sechs Uhr, ich denke, auch an diesem Tag. Natürlich entspricht es der Möglichkeit, dass der Zeitungsbote diesmal früher kam als sonst. Oder später. Ich kann es nicht wissen.

Ich stieg die Treppe im Flur hoch. Es waren sechsunddreißig Stufen. Allerdings war ich mir sicher, dass ich bisher immer nur vierunddreißig gezählt habe. Beinahe jeden Tag, wenn ich die Wohnung verlasse, zähle ich die Stufen nach unten. Und nach oben, wenn ich zurückkomme. Es sind vierunddreißig Stufen, wenn ich gehe und auch wenn ich zurückkehre

Dieses Mal war der Weg zurück nach Hause länger. Ich brauchte sechsunddreißig Stufen, um nach Hause zu kommen. Ich betrat die Wohnung und hatte das Gefühl ziemlich weit weg von der Welt zu sein. Denn niemand möchte abstreiten, dass sechsunddreißig Stufen mehr Stufen sind als vierunddreißig. Meine Wohnung muss nun auch gut einen halben Meter höher liegen. Ich stellte mir die Frage, was passiert, wenn das jetzt immer mehr Stufen werden. Und das gar nicht aufhört.

Vom Flur kehrte ich links ins Badezimmer ein und schminkte mich ab. Ich war verwundert, als ich im Spiegel nur mein bleiches Gesicht, mit den tiefen Wangenpartien und den deutlich ausgeprägten Nasenflügeln, sah.

Am nächsten Tag wachte ich im weißen Stockwerk auf.

Da war ein P, das eigentlich ein R sein sollte

Diese Geschichte beginnt mit einer Photographie. Viele Geschichten beginnen mit einer Photographie. Oder eben weil etwas explodiert ist. Oder weil man verlassen wurde. Aber diese Geschichte hier beginnt mit einer Photographie. Und es könnte wirklich nicht anders sein, weil dieser Anfang einfach sehr gut zu dieser Geschichte und zu dieser Photographie passt. Und überhaupt.

Also, diese Photographie, mit der alles begann, zeigte ein P, das eigentlich ein R sein sollte. Und obwohl die Photographie dadaistisch war, war es ein Fehler, denn das P, das eigentlich ein R sein sollte, sollte tatsächlich ein R sein. Somit ist klar, dass es sich hierbei nicht um Dadaismus, sondern um einen Fehler handelt.

Das ist aber überhaupt nicht die Sache, denn ein P zu schreiben, während man ein R denkt, das ist wirklich dadaistisch. Und dadaistisch zu sein ist wirklich gut, wenn man ein

Dadaist ist, ansonsten ist es eben einfach nur Dummheit, eine Unannehmlichkeit oder ein Versehen.

Aber die Sache ist hier eine andere. Auf dieser Photographie, die ein R zeigen sollte, war ein P zu sehen. Und weil das unverzeihlich ist, stürzten all die Nicht-Dadaisten über den Dadaisten einher, weil sie sich endlich einmal überlegen fühlten. Obwohl sie nichts verstanden hatten. Und einfach glauben, dass es ein Fehler sein muss, weil dort ja ein R stehen muss und kein P. Es kann sich somit um nichts anderes als einen Fehler handeln.

Also, teilen sie es mir mit. Sie teilen mir mit, dass ich einen Fehler gemacht haben muss und fühlen sich so gut dabei, weil sie ja einen Fehler ausfindig gemacht haben und sich nun endlich einmal überlegen fühlen können. Es geht ihnen dabei um nichts anderes. Es geht ihnen gar nicht um das P oder das R. Es geht ihnen nur um Überlegenheit. Weil sie ja diesen Fehler gefunden hatten, der auch wirklich ein Fehler ist, der aber genauso gut auch Dadaismus hätte sein können.

Aber sie, sie stehen da und teilen mir mit, dass da ein Fehler sein muss, als wäre das

Abendland untergegangen. Oder wieder aufgegangen. Wer weiß schon was schlimmer wäre. Sie stehen da und reiben sich an ihrem Fund auf, bis mir schlecht wird. Dann drücken sie mir das P gegen den Stimulus und schreien *Eli, Eli, lama sabachthani.*

Das alles ist dann deren Sache, aber nicht meine, weil ich mich für deren Klein-Klein überhaupt nicht interessiere. Und selbst wenn das P ein R sein sollte und ich ein P schreibe, während ich ein R gedacht habe, habe ich immer noch mehr richtig gemacht, als die mit ihrer Analyse darüber, was ein Fehler ist und was eben nicht. Weil genau sie es sind, die so etwas bestimmen und die Regeln dafür machen. Weil sie sich benehmen als hätten wir daraus irgendetwas gewonnen.

Aber am Ende ist die ganze Photographie nichts mehr wert, weil sie mit ihrem P und dem R alles zerstört haben. Die ganze Kunst. Alles. Und überhaupt. Ihr Arschlöcher.

Laika

Meine monochrome Phase begann, nachdem ich die Raummaschine bestiegen hatte und durch dumpfe Beats in die Höhe gehoben wurde. Ich war blond, aber das störte dich nicht im Geringsten. Nicht einmal in Moskau. Dort störte dich einfach nichts. Selbst die Tatsache nicht, dass wir dort mit unserer Raummaschine notlanden mussten.

Wir standen also da. Und starrten den Mond an. Von unten. Obwohl wir eigentlich von dort oben runter gucken wollten. Du meintest noch, dass dort oben alles so viel besser sei.

Sicherheitsmänner nahmen ein Absperrband und zogen es um unsere Raummaschine, auf der wir saßen. Meine Perücke verrutschte, nachdem du mich heftig geschüttelt hattest, um mir zu zeigen, dass wir auf der Erde geblieben waren und nicht dort oben sind. Aber ich konnte es nicht begreifen. Wir sitzen auf unserer Raummaschine und gucken nach oben, während Sicherheitsmänner eine Mauer bauten. Aus rot-weißem Absperrband. Und einigen dieser dicken Rollen Stacheldraht; mit denen sie glauben, dass sie eine Grenze sichern können. Oder Mauern bauen. Weil sie dort immer noch lieber Mauern bauen. Das ist eben einfacher.

Draht passt ganz vorzüglich zu meiner monochromen Phase und dem verlorenen Beat, der von dort oben lockte. Und ich begriff nichts. Nicht weil ich blond bin. Sondern, weil ich in einer Diskothek sitze.

Dann hattest du meine Hand genommen.

Und sie erschossen uns.

Feuerbach

Ich ziehe mich also aus und lese ein Buch. Dabei ist es ganz egal welches Buch ich lese. Weil es eigentlich nur darum geht, dass ich mich ausziehe.

Die meisten Menschen ziehen sich im Sommer aus. Weil es heiß ist. Und weil man schwitzt. Und weil schwitzen etwas schrecklich unangenehmes sein kann.

Aber Jahreszeiten interessieren mich nicht. Ich ziehe mich also aus. Um dann ein Buch zu lesen. Weil ich mich eigentlich ganz gut fühle, wenn ich nur Unterwäsche trage. Und weil ich es mag, wenn man die Fasern der Wolldecke auf der Haut spüren kann.

Das ist fast so, als wäre da jemand, der dich in den Arm nimmt. Die Fasern der Wolldecke fühlen sich an wie die feinen Haare auf fünfundzwanzigjährigen Männerarmen. Wolldecken täuschen darüber hinweg, dass da niemand ist.

Dann liest man irgendein Buch. Feuerbach zum Beispiel. Weil man es geschenkt gekriegt oder günstig im Antiquariat erworben hat.

Wenn man in Unterwäsche auf dem Bett liegt und ein Buch liest, dann ist man mit sich im Reinen. Weil es dann nichts gibt, außer das Buch und einem selbst. Im Grunde ist man ganz alleine. Weswegen man nach der Wolldecke sucht. Selbst im Sommer.

Man liest ein paar Zeilen. Und lässt sich ablenken. Weil der Körper einem einfach vom Lesen abhalten kann. Also liegt man so da und guckt sich an. Denkt darüber nach, sich wieder mal die Haare auf der Brust zu rasieren. Findet sich zu dick oder zu magersüchtig. Man holt sich einen runter.

Sich auszuziehen und alleine zu sein, um zu lesen ist gut. Weil man sich beschäftigt. Nicht stillsteht und sich bewegt. Und ehrlich zu sich ist.

Dann liest man wieder. Feuerbach oder etwas anderes. Man liest, weil man nackt ist und befriedigt. Und weil auch der Kopf etwas braucht.

Am Ende fertigt man Notizen über das Buch an und versucht darüber nachzudenken. Während man sich in eine Wolldecke hüllt. – Glaubt eine Umarmung zu spüren. Und lächelt dabei. Weil man sich insgeheim nach behaarten Armen fünfundzwanzigerjähriger Männer sehnt.

Also stehe ich auf und sehe ein, dass ich ehrlich zu mir sein muss. Ich bin derjenige, der sich auszieht, um zu lesen. Sich nach einer Wolldecke sehnt. Und sich im Bett mit Büchern umgibt. Sich ansieht. Und diese Narben anguckt, die bleiben, wenn man fünfundsechzig Kilogramm abgenommen hat. Es bleiben einfach Narben zurück, wenn man von Hosengröße 38 auf 28 rutscht. Und mit Narben meine ich nicht nur die Dehnungsstreifen auf der Haut. Da ist auch noch etwas anderes. Deswegen lese ich.

Ich ziehe mich aus. Lese. Und gucke mich an. Und hole mir einen runter. Danach ist die Welt in Ordnung. Ich bin mit mir und den Büchern. Und den Narben. Sie gehören dazu.

Ich ziehe mich also aus und lese ein Buch. Dabei ist es ganz egal welches Buch ich lese. Weil es eigentlich nur darum geht, dass ich mich ausziehe.

Kleine Versöhnung

Manchmal ist es so, dass uns Menschen verlassen. Dann tut es weh. Weil sie eben weg gehen. Manchmal glauben wir dann daran, dass wir sie noch festhalten können. Weil wir denken, dass wir sie noch brauchen. Weil wir denken, dass es noch so viel zu reden gäbe. Selbst wenn alles gesagt ist. Und manchmal stellen wir dann fest, dass wir uns einfach nur angelogen haben. Weil wir dachten, dass es zusammen besser sei. Weil wir denken, dass es zusammen immer besser sein muss. Aber während man zusammen war, ging der andere weg. Dann tut es weh. Manchmal ist man eben zusammen, bis es weh tut.

Selbstbetrachtung in Zeiten von Online-Dating

Ich verabscheue große Menschenmengen und Gesellschaften, die überwiegend männlich dominiert sind. Sex interessiert mich nicht. Ich trinke zu viel Cola Light und esse wahrscheinlich zu wenig.

Mein Handy dokumentiert meine Gesundheit. Vor allem den Body-Maß-Index und andere Kennzahlen, die eigentlich keine Bedeutung haben. Es misst meinen Stresspegel und überwacht meinen Schlaf.

Schonungslos zeigt es mir meine Koffeinabhängigkeit und meinen englischen Spleen.

Abends starre ich an die Wand, um die Einsamkeit zu vergessen.

Es ist schon August. Ich werde wohl bald heizen müssen, deswegen wäre es besser, wenn da jemand wäre. Und weil es einfach besser ist, wenn da jemand ist.

Letzte Woche hatte ich acht Dates. Oder neun. Ich sollte das besser nicht mehr zählen. Ich hatte Dates, um nicht an die Wand starren zu müssen. Das Gefühl zu haben, dass da jemand ist. Auch wenn da niemand ist.

Ich gebe dem Taxifahrer einen Fünfzig-Euro-Schein. Der Taxifahrer misstraut mir und prüft die Note auf seine Echtheit. Die Menschen misstrauen dir, wenn du mit Fünfzig-Euro-Scheinen bezahlst, weil sie glauben, dass du dieses Geld eigentlich gar nicht haben dürftest.

In der vergangenen Nacht habe ich davon geträumt, dass ich in der Altstadt ein Café eröffne, dass ich *Heile Welt* nennen werde. In die *Heile Welt* dürfen alle kommen; die mit Geld und die ohne. In der *Heilen Welt* gibt jeder was er geben kann. Es gibt Frankfurter Kranz auf bunten Tellern, den wir mit goldenen Gabeln essen. Und heißen Kaffee aus Tassen, zu denen es keinen passenden Unterteller mehr gab. Die *Heile Welt* ist wie unsere Gesellschaft, nur eben in klein und in heil.

Wegen mir ist übrigens der weiße Tiger gestorben. Und das obwohl die mir auf der Straße sagten, dass man nun endlich etwas für seine Erhaltung tun muss. »Sie kümmern sich also um Tiere? Wieso? – Mögen Sie keine Menschen?«

Ich verstehe nicht, wenn mich die Leute im Sommer belehren, dass ich dann eigentlich keine Mütze bräuchte. Ich trage trotzdem eine. Sie sagen dann, dass Sommer ist und ob das nicht viel zu warm sei. Ich verstehe nicht, was sie meinen. Es kann ja Sommer, aber trotzdem kühl sein.

Ich besitze ein kleines Notizbuch, aus dem ich immer eine Seite herausreiße, wenn jemand zu mir sagt, dass er mich nicht braucht. Eine Freundin hat mir geraten, dass ich dann besser eine Seite einkleben solle, weil ich dann eine Seite mehr hätte, um etwas Neues zu versuchen. Ich glaube, dass sie recht hat. Trotzdem reiße ich weiterhin Seiten heraus, weil ich pessimistisch bin.

Ich gehe dann ins Café und bestelle Unmengen an Zeug. Bleibe stundenlang sitzen und genieße die Anwesenheit der Menschen, die ich nicht leiden kann.

Im Café zahle ich mit Bargeld. Ich mag Bargeld. Es geht mir schlecht, wenn ich nicht wenigstens ein paar Münzen bei mir habe.

Manchmal gehe ich mit einer Papiereinkaufstasche, aus einem hochpreisigen Kaufhaus in Paris, in einen Ein-Euro-Laden. Dort kaufe ich ein, bis ich kein Bargeld mehr habe und verstaue die Sachen in meiner Tasche. Zuhause räume ich die Dinge dann in meine Räume. Bis alles voll ist. Damit ich nicht alleine bin. Und damit es keine Leere gibt.

Magerstufe 0

Ich wiege 127,9 Kilogramm. Das sind noch einmal 1,9 Kilogramm mehr als vor zwei Tagen. Mein Pullover ist XXL. Die Hose drückt. Ich werfe mir einen schwarzen Blazer über. Der macht mich wenigstens 4,3 Kilogramm schlanker. Dazu trage ich ein großes Schaltuch. Noch einmal minus 2,1 Kilogramm. Zumindest optisch. Ich fühle mich ganz gut.

Zweihundert Kilometer später bin ich bei meinen Eltern angekommen. Sie sagen nichts, zu meinen 127,9 Kilogramm. Wenn sie mich nach meinem aktuellen Gewicht fragen, habe ich auch immer ein paar Kilos weggeschummelt. Sie sagen auch nichts mehr, wenn ich beim Mittagessen mehr als doppelt so viel esse als die anderen. Und mir eine Stunde nach dem Essen ein paar Snacks zubereite. Sie sagen auch nichts, wenn ich tagelang das Haus nicht verlasse.

Zuhause hülle ich mich in Decken und lege Kissen auf meinen Bauch. Ich dusche nur noch im verdunkelten Bad, um mich nicht sehen zu müssen. Ich stelle mich nie ohne Pullover vor den Spiegel. Trotzdem behaupte ich, keine Probleme zu haben.

Manchmal stehe ich auf der Waage und boxe mir in den Magen, in der Hoffnung, dass ich mich übergeben muss. Es gelingt mir nicht. Und im Grunde habe ich einen Ekel davor.

Auf der Straße treffe ich eine Nachbarin. Sie meint, dass es mir ganz schön gut geht und betrachtet dabei meinen Körper. Ich zwinge mir ein Lachen auf die Lippen und wende mich ab. Kurz danach stehe ich vorm Spiegel und ziehe meinen Pullover straff. Klar wiege ich etwas mehr, aber so dick bin ich nicht. Denke ich mir und nehme einen Snack. Nicht weil ich Hunger habe. Sondern, weil ich traurig bin. Ich denke darüber nach, was die Menschen so alles gesagt haben.

Sie sagen, dass sie es ja nur gut meinen, wenn sie davon sprechen, dass ich zu dick bin, abnehmen soll.

Sie sagen, dass ich noch so jung bin und mich mit meinem Gewicht nicht gefährden soll.

Andere sagen, dass ich einfach lernen soll normal zu essen oder Disziplin lernen muss. So etwas sagen sie. Da sind natürlich auch die, die fette Sau und etwas dergleichen sagen. Ich erinnere mich an meinen letzten Klamottenkauf. Und werde traurig.

Ich koche Nudeln. Während sie kochen esse ich zwei Brötchen mit Käse. Nachdem ich die Nudeln gegessen hatte, backe ich eine Pizza auf. Während ich esse, geht es mir gut. Ich bin zufrieden. Nach dem Essen geht es mir schlecht.

Da sind dann wieder all die Dinge, die Menschen zu mir sagten. Da sind dann wieder all die Witze, die sie darüber machten. Die nicht lustig sind und die ich nicht verstehe. Ich habe all die gut gemeinten Tipps jener Leute im Kopf, die sagen, dass das alles nur eine Sache der Disziplin ist.

Manchmal stellte ich mir vor, wie es wäre, das ganze überflüssige Gewicht einfach auszukotzen. Ich frage mich, wie es wäre, bei einer Fernsehshow mitzumachen, um abzunehmen. Wie es wohl in so einer Abnehmklinik ist? Ich hülle mich in meine Decken und lege die Kissen auf meinen Bauch.

Alle die Probleme; sie sind nicht da. Ich fühle mich wie ein Mörder, der nach seiner Tat die Leiche im Wald vergräbt, mit Laub und Ästen zudeckt, um so seine Tat ungeschehen zu machen. Ich decke mich zu und mache das Essen ungeschehen. Ich frage mich, warum die Menschen so sind. Sie schauen mich an, haben eine Anschauung. Aber Anschauungen sind blind. Ich schlafe ein.

Ich hatte die Waage einige Tage nicht betreten. Freunde schickten mir Bilder von unserer letzten Feier. Auf den Bildern falle ich auf. Ich bin der Dickste darauf. Ich sehe, wie sich die Jacke um meinen Bauch spannt. Ich wiege mich. Ich kann unmöglich so schwer sein, wie ich auf den Bildern aussehe. Ich wiege 129,7 Kilogramm. Ich wiege mich noch viermal. 129,7 Kilogramm. Ich beginne zu schwitzen. Eine BMI-Tabelle sagt mir, dass ich schon rot bin. Sie meint damit, dass ich hochgradig adipös bin. Sie sagt mir damit nur, was mir die Leute nachrufen: Fette Sau.

Ich stelle mich vor den Spiegel und ziehe mich langsam aus. Ich sehe mich an. Und könnte heulen. Ich drehe mich ins Profil. Dann höre ich auf zu essen.

Acht Monate später stehe ich vor dem gleichen Spiegel. Ich wiege 67 Kilogramm. In den letzten Wochen habe ich viele Komplimente bekommen. Sie sagten, wie hübsch ich jetzt bin und wie gut mir all die Klamotten stehen, wie fit ich aussehe und wie gesund ich lache.

Ich wiege 64,3 Kilogramm. Mein Pullover ist XS. Die Hose 28. Sie hält nur noch mit einem Gürtel. Ich liebe es das Entsetzen in deren Augen zu sehen, wenn ich sage, dass ich nur zweimal in der Woche etwas esse und ich bin stolz auf meine Disziplin.

Dann sagen die Menschen so etwas wie 65 Kilogramm auf 1,86 Meter Körpergröße, das ist viel zu wenig. Sie gucken auf meine dünnen Arme und Beine und ich liebe es zu sehen, wie sie langsam denken, dass ich ein Problem habe. Ich liebe es zu sehen, wie sie darüber nachdenken, ob ich nicht magersüchtig sein könnte.

Jetzt glauben sie, dass ich krank bin. Ob sie vielleicht auch darüber nachdenken, dass ich vor acht Monaten noch deren fette Sau war. Ich stehe vorm Spiegel und überlege mir, wie es wäre, immer weniger zu werden.

So wenig, dass ich verschwinde. Ich stelle mir deren Entsetzen vor. Und lache.

127,9 | 121,3 | 113,7 | 106,0 | 99,8 | 91,2 | 85,1 | 83,6 | 76,4 | 72,0 | 68,3 | 65,5 | 63,7 | 59,8 | 57,9 | 54,0 | 52,6

Sucht

An dem Tag, an dem ich das Photo sah, habe ich das Essen eingestellt. Das war vor über einem Jahr.

Jeden Tag das Photo. Es hängt klagend an der Wand. Und spricht das Urteil: Du hast nicht aufgepasst. Du warst viel zu undiszipliniert. Undiszipliniert. Hallt es in meinem Ohr. Es klagt mich an. Und spricht dann das Urteil.

Seit über einem Jahr hängt es da. An der Wand. In meinem Kopf. Dabei ist das Photo natürlich nicht wirklich da. Es ist wie ein schlechter Abzug, der in meinem Kopf ist.

Mit Ekel betrachte ich das Bild. Immer wieder. Und immer wieder. Bis ich mich dann selbst anklage. Die Anklageschrift lautet: undiszipliniert. Und dann spricht das Photo eben ein Urteil.

An dem Tag, an dem das Photo das Urteil sprach, habe ich das Essen eingestellt. Das Bild war nun mein Führer. Ein allesverbietender Führer.

Der Führer trug eine rote Fahne voran. Mein zweites Ich rannte hinterher. Als die Fahne stehen blieb, erging das Urteil. Als das Urteil erging, sah ich das andere Ich. Wie es da lag. Geprügelt. Und leer.

Vor über einem Jahr habe ich das Essen eingestellt. Und begonnen der roten Fahne zu folgen.

Ich glaube, dass es gut ist der roten Fahne zu folgen. Auf das Urteil zu warten. Und ein zweites Ich zu haben. Es überdeckt den Ekel im Kopf so schön. Dieses Bild an dieser gottverdammten Wand.

Dabei löscht es all die Klagen aus. Besonders das. Wenn man der roten Fahne folgt, löschen sich die Klagen aus. Die Klagen verschwinden.

Es ist mir egal, dass mein anderes Ich ein Mitläufer ist. Dass dem Führer folgt. Am Ziel, welches wir seit Wochen umkreisen, ohne es anzusteuern, würde mein Ich sich niederlegen. Es würde rasten. Es würde sterben. Mein Ich, das der roten Fahne folgt.

EIN DIALOG, DEN ICH SCHRIEB, LANGE BEVOR DER T_ERROR NACH EUROPA KAM, DER ABER ERST DANACH ZUR SITUATION PASSEN WOLLTE. Person 1: Gestern schien mir die Welt noch in Ordnung zu sein. Person 2: Mir nicht.

VII. Big Battle Of Egos

Angewandter Narzissmus

Erst gestern hatte ich meine neue Sonnenbrille bekommen und sie seitdem nicht mehr von der Nase genommen. Ihre Vorteile sind, dass sie großzügig meine Augenpartie verdeckt und, dass sie an meine Sehstärke angepasst wurde. Sie korrigiert somit auch meine mittlere Fehlsichtigkeit.

Außerdem sagte mir ein Bekannter, dass ich mit der neuen Sonnenbrille aussehe wie der junge Andy Warhol. Ich habe eigentlich nichts mit Warhol gemeinsam. Vor allem ist meine Frisur besser. Manchmal. Vielleicht sind wir ähnlich mager.

Trotzdem schmeichelte mir der Vergleich, da ich Warhol ernst nehme. Das ist natürlich komisch, weil Andy Warhol sehr amerikanisch ist. Wie er selbst sagte. Und das bin ich eben nicht. Ich dachte immer, dass ich besonders europäisch sei. Aber wahrscheinlich bin ich einfach nichts. Ein Kosmopolit. Ein freier Mensch. Doch ich mag die Vorstellung, dass ich die gleiche Cola trinke wie Warhol.

Wahrscheinlich ist das wie bei meinem Vater. Der ist zwar kein Amerikaner, aber immerhin katholisch erwachsen geworden. Als Kind hat er viele Kirchen von innen gesehen. Aber ich denke, dass er eigentlich mehr ein Calvinist ist.

Während ich also darüber nachdachte, mir ein ganzes Sortiment an Sonnenbrillen anfertigen zu lassen und sie als mein neues Markenzeichen zu protegieren, sah ich dich alleine in einem Imbiss sitzen.

Der Imbiss war nicht so wie man sich einen Imbiss gewöhnlich vorstellte. Es war ein sehr modernes Gebäude, an dem drei Seiten aus Glas bestanden. Das Interieur war recht modern, aber hässlich.

Es gab nur wenige Sitzplätze, deswegen konnte man, wenn man durch die Glasfronten blickte, sofort überschauen, wer sich im Lokal befand. Im Grunde wollte ich mich gar nicht nach links wenden, denn der Imbiss befand sich schon seitdem ich denken konnte an dieser Stelle, weswegen mich seine Architektur langweilte. Aber die Glasfronten waren wie ein Spiegel. Deswegen blickte ich wohl auch nach links.

Ich wollte sicherstellen, ob mir die Sonnenbrille nachwievor stand. Und ich wollte Andy Warhol sehen. Weil er doch so schrecklich ums Leben kam.

Mir war es unangenehm, als ich dich an einem dieser Tische im Imbiss sitzen sah. Ich zuckte zusammen und richtete meinen Kopf wieder gerade aus. Aber ich versuchte, trotz der Begegnung, nicht schneller zu gehen.

Im Laden gab es elf Tische, von denen nur sieben besetzt waren. Du hattest dir direkt einen Platz am Fenster ausgesucht. Ich konnte dich also sofort sehen.

Du saßt alleine bei einer Pizza. Ich vermutete, dass du sie mit Champignons gegessen hast, weil du sie früher immer mit Champignons gegessen hattest. Und mit Schinken. Das weiß ich noch, aus jener Zeit, als das mit uns nicht so unglückselig war.

Du hattest mich wohl nicht gesehen, denn du warst mit deinem Handy beschäftigt. Oder vielleicht hast du mich noch von hinten sehen können, nachdem ich den Laden passierte. Das kann ich aber dann nicht wissen.

Unsere Blicke haben sich zumindest nicht gekreuzt.

Was auch schwierig geworden wäre, denn meine Blicke wären an, den schwarzen Gläsern, der Sonnenbrille hängen geblieben.

Ich ging weiter und erzählte einem Freund von dieser Begegnung. Er fragte mich, wie ich darüber denke.

Ich sagte, dass ich die Person, die im Glashaus saß, nicht kenne. Ich kenne keine Personen, die in Glashäusern sitzen und essen. Ich kenne nur Personen, die sich im Glas der Glashäuser spiegeln und glauben Andy Warhol zu sein.

Kindheit

So leicht
Wie Wolken
So schnell
Verflogen
Zieht vorüber
Gedankenlos

Alles

Bis man begreift
Wie schön es war
Und leicht
Wie Wolken
So schnell
Verflogen
Ist alles vorbei
Was waren wir
Für leichte Wolken

Am Buffet

Große Buffets frustrieren mich. Fette Frauen in Jogginghosen, abgewrackte Männer bei kaltem Braten und Bier. Aus den Boxen tönt der Eurodance-Klassiker *Because the night.* Ich erinnerte mich an unseren ersten Italienurlaub; ich war fünfzehn und wir waren am Meer.

Meine Eltern kauften mir, an der Strandbar, jeden Tag ein *Bum Bum.* Als Kindergartenkind mochte ich das; jetzt bin ich älter und finde es widerlich. – Erdbeer- und Vanilleeis mit einer roten Zuckerummantelung. Der Stiel des Eises war ein Kaugummi. Ich aß das Eis und hatte dann mit dem Verkäufer in der Strandbar Sex. Dort lief es auch; dieses Lied: *Because the night belongs to lover. Because the night belongs to love.*

Mit einem dafür ungeeigneten Messer schneide ich ein Stück Camembert ab. Ein wülstiger Mann stoch mit der Gabel in das letzte Stück kalten Braten. Ich würde gerne seine Gedanken lesen können.

Ein Gong holt mich zurück in die Welt. Wir sollten Platz nehmen. Ein Page fragte mich, ob er meinen Mantel, der noch über der Lehne des Stuhls baumelte, zur Garderobe bringen soll. Ich gab ihm den Mantel.

Er sagte, dass ich gut aussehe. Aber das sagt er bestimmt zu allen Gäste. Ich hätte ihn trotzdem gerne näher kennen gelernt. Vielleicht auf ein *Bum Bum*.

Eine Dirne verteilte Gläser, die mit Sekt gefüllt waren. Im Programm steht: *Punkt 1: Anstoßen mit Sekt*.

Was passieren kann:

Die Dirne mit dem Tablett voller Sektgläser stolpert und verschüttet das Getränk über die Frauen in Jogginghosen. Ich lache.

Was wirklich passiert:

Die Dirne mit dem Tablett voller Sektgläser stolpert und schüttet den Sekt über den Pagen, der immer noch meinen Mantel trägt. Ich schiebe mir ein großes Stück Camembert in den Mund. Die Dirne bedauert es. Ich bedauere auch den Camembert gegessen zu haben. Abscheulich.

Aber vielleicht genießbar mit einer roten Zuckerummantelung und einem Stiel, der ein Kaugummi ist. Wir beginnen mit Punkt 1. Anstoßen mit Sekt. Punkt 1 ist zu warm.

Dialog am Nebentisch:

»Ob die hier auch Bier haben?«

»Wahrscheinlich schon.«

»Du weißt ja, dass ich keinen Sekt mag.«

»Ja, weil du nicht weißt was gut ist.«

Die Raumklimatisierung läuft an. Es klingt wie ein Laubbläser. Zum Glück übertönt es den Dialog am Nebentisch. Ein Moderator betritt die Bühne und lobt lange und eingehend. Keiner weiß was er lobt, denn der Laubbläser ist so laut. Als der Moderator seine Ansprache beendet hatte, stoppt auch die Klimaanlage. Der Laubbläser ist aus. Das Laub ist weg.

In dieser Pause stürzen die Ungesättigten erneut zum Buffet. Der Page verschwindet mit dem Bartender auf die Toilette. An diesem Abend kommen die beiden nicht mehr zurück. Ich frage mich, ob ich hier ein *Bum Bum* bekommen könnte. Ich bestelle mir meine dritte Weinschorle mit Eiswürfeln. Die Weinschorle ist wie diese Veranstaltung. Ein Gepansche. Die Dirne stellt mir das Getränk auf den Tisch. Ich exe es.

Ein Mensch mit einem Anzug, der Farbe beige, betritt die Bühne. Er hebt die Tischdekoration hervor. Er wollte sie genauso haben. Mir war es egal. Der Mensch spricht. Ich schaue ihm in den Schritt und stelle mir vor, dass seine Shorts auch beige ist. Ihm war es egal. Weinschorle Nummer vier.

Ein Chor gibt auf der Bühne sein Bestes. Ich schaue aus dem Fenster. Ein junger Mann führt drei Hunde an der Leine. Er ist unkonzentriert und tippt auf seinem Handy. Die Hunde laufen durcheinander und dem Mann um die Beine. Die Leinen verknoten sich.

Zwei der drei Hunde schnüffeln sich am Arschloch. Ich denke an einen Schwulen-Porno. Beige verlässt die Bühne. Ich sortiere die Tischdekoration um. Laut Programm sind wir schon bei Punkt 5. Ein anderer Mensch spricht Namen aus. Im Publikum erheben sich Namen, gehen zur Bühne, nehmen einen Umschlag und eine Umarmung in Empfang.

Insgesamt gehen vierunddreißig Namen zur Bühne. Noch einmal singt der Chor.

Das Beige spricht abschließende Worte. Die fetten Frauen in Jogginghosen flennen. Männer trinken Bier. Ich denke darüber nach Tierfilmer zu werden. Die fetten Frauen inspirieren mich dazu, Walstudien anzustellen. Sind ja beides Säugetiere.

Ein Dessertbuffet wird eröffnet. Es gibt Parkettstücke, die ein Mohnkuchen sind und Fugenmasse, die eine Walnussmousse ist. Es gibt kein *Bum Bum*.

Das Buffet frustriert mich. Fette Frauen und abgewrackte Männer schnüffeln sich am Arschloch. Ich exe eine Weinschorle. Ich habe vergessen die wievielte es ist. Die Zahl ging zur Bühne. Holte sich einen Umschlag und eine Umarmung ab. Sie kam nicht mehr zurück.

In meinem Kopf:

> Ich bewerfe alles mit Gold. Am Ende werfe ich mit dem Gold. Der Page und der Bartender kamen nicht mehr zurück.

Die Platte begann von Neuem: *Because the night.* Ich bewerfe sie mit Gold. Ich werfe auf das Beige. Auf das Buffet.

Überlege nach Italien zu fliegen. Ein *Bum Bum* zu kaufen und Sex zu haben. Oder einen Porno zu gucken. Unter dem Gold unserer Tage ist alles zerbrochen.

Schatz, bring' bitte die schwarze Tonne raus. Morgen wird der ganze Scheiß abgeholt. Die Namen. Das Parkett. Die Fugenmasse. Das Gold, mit dem ich warf, hat alles zerbombt.

Ich habe ein Buch gelesen und Weinschorlen getrunken. Anzahl unbckannt. Nachdem ich meine E-Mails sah, war ich wütend und wollte den Termin absagen. Jetzt geht es schon besser. Buffets frustrieren mich.

So ist es eben, wenn die Dummen über die Klugen entscheiden. Am Ende werfe ich mein Gold.

Was passieren kann:

Die Polizei wird gerufen und nimmt mich fest. Ich werde nicht verurteilt, muss aber Tabletten nehmen. Als ich aus der Untersuchungshaft entlassen werde, stoßen wir mit Sekt an. Er ist zu warm.

Was wirklich passiert:
Ich rufe ein Taxi und fahre nach Hause.

Gideon ist ein Richter im Alten Testament

Du sagst, dass ich dein bester Freund bin. Wie ein Mantra beschwören wir unsere Freundschaft.

Fahren weit nach Mitternacht durch die unbelebte und hässliche Innenstadt, in der wir zur Schule gingen. Hören schreckliche Pop-Musik und versuchen angestrengt wie Erwachsene zu diskutieren.

Wir sagen Sätze, wie *In der FAZ habe ich gelesen …* oder *Andy Warhol ist der einzige Amerikaner, den ich ernst nehmen kann.* Karl Lagerfelds Statements versuchen wir in eine intellektuelle Dimension zu heben.

Ich zitiere Hölderlin. Manchmal auch Kafka.

Wir stoppen an einem Fast-Food-Restaurant und bestellen uns Dinge. Wir essen im Auto, weil wir nicht neben dem Proletariat sitzen möchten, zudem wir wohl selbst gehören. Mit der Qualität des Essens fällt auch die Qualität des Gespräches.

Ich bin erst vor kurzem achtzehn geworden und habe den Führerschein bekommen. Deswegen verbringen wir die Nächte auch im Auto und nicht mehr in irgendwelchen schrillen Cafés mit Spotlights, wo wir bunte Limonade tranken.

Das muss diese große Freiheit sein, von der die Leute sprechen. Unsere Freiheit endet an der Landkreisgrenze.

Je später es wird, desto seltener zitiere ich Dinge aus Büchern, die ich gelesen habe. Wir reden über die Schule.

Unsere Schule ist eine Schachtel, mit Fenstern, die man in oranges Pergament gewickelt hatte. Neben der Eingangstür, stehen in einem großen Foyer, einfache Tische und Stühle.

Ich bin nur wegen den Pausen und den fünfzehn Minuten vor Unterrichtsbeginn dort hingegangen. Der Rest des Schultages war überflüssig. Das Überflüssige bekommt immer zuerst einen Tritt in den Arsch.

Meine Lehrer waren unfähig. Ich war altklug und habe immer die Nietzsche-Zitate des Lehrers korrigiert, weil er sie schlecht wiedergab.

Den größten Teil meiner Mitschüler würde ich am liebsten nicht kennen. Später werde ich sagen, wenn ich auf einzelne von denen angesprochen werde, dass ich die gar nicht kenne.

Auf ein Klassentreffen gehe ich nur um zu sehen wie schrecklich die alle aussehen und wie entsetzlich provinziell sie geblieben sind.

Ich versuche trotzdem höflich zu sein. So kommen wir miteinander aus. Aber nett waren die nie zu mir. Ich bin sozial nicht besonders geländegängig.

Wenn es dann spät wird und wir im Auto durch die vor allem bewaldete Gegend fahren, sprechen wir über solche Dinge. Wir malen uns aus wie es sein muss, wenn wir endlich aus der Oberstufe raus sind und fühlen uns eigentlich ganz gut dabei. So verbringen wir unsere Wochenenden.

Und ich bilde mir ein, dass wir ziemlich erwachsen waren. Auch wenn meine Eltern das Auto bezahlten und es am nächsten Tag tankten. Sie sagten meistens nichts. In dieser Zeit lernten wir uns besser kennen.

In der Schule gingen wir nicht in die gleiche Klasse. Du warst im Erdgeschoss. Ich im oberen Stockwerk. Eine Hierarchie, die sich bis später gehalten hat.

Die Pausen verbrachten wir gemeinsam und guckten, wer wieder etwas über uns zu lästern hatte.

Ich trug damals gerne große Tücher und Bänder. Meist band ich mir ein grünes um den Kopf. Damit irgendetwas mit meinen Haaren geschieht. Sie waren vorne ziemlich lange und hingen mir deutlich ins Gesicht. Den Friseur verabscheue ich. Zeitenweise hatte ich meine Haare lila gefärbt. Mit einer solchen mittelteuren Farbe, aus dem Drogeriemarkt. Aber lila war das nie. Es sah immer aus als würde ich rosten. Mit zweiundzwanzig habe ich mir alle meine Haare abrasiert. Und sage Sätze wie: Haare färben ist völlig 2010.

Du beginnst damit, dir deine Haare in einem Rot färben zu lassen und siehst plötzlich vierzehn Jahre älter aus. Wie eine Mutter, Mitte dreißig, vom Lande, die noch einmal etwas aus sich machen will.

Aber ich bin nett zu dir und sage, dass es mir recht gut gefällt und, dass es mal etwas anderes ist. Man sagt immer, dass es mal etwas anderes ist, wenn man verlegen ist, nicht weiß was man sagen soll oder es einfach schlecht findet.

Wenn ich nett zu dir bin, dann bist du es auch zu mir. Du erträgst meine Schwärmereien über Gedichte, die kaum jemand kennt. Hörst mir geduldig zu, wenn ich über französische Kunstfilme spreche, die du nicht kennst. Und bleibst sitzen, wenn ich die Bücher verreiße, die du gerne liest. Ich sage dann so Sachen der Art: Ich freue mich ja, dass du überhaupt liest. Und das ist ja nur meine Meinung.

Im Gegenzug gehe ich mit dir in schäbige Disko-Klubs, trinke dort Jack-Cola und versuche amüsiert zu sein. Ich widerspreche dir nicht, wenn du über Freudsche Forschung sprichst und beglückwünsche dich, wenn du einen Partner hast.

Alles in allem sind wir sehr nett zu einander. Wir überlegen sogar, dass wir in der gleichen Stadt studieren und uns dort dann eine Wohnung teilen könnten. Nach dem Abitur wird keiner von uns in dieser Stadt studieren. Wir werden auch nicht zusammen wohnen. Und jeder wird sein eigenes Ding machen.

Wir werden bei unseren Autofahrten noch oft darüber sprechen und mutmaßen, ob diese Wohngemeinschaft ein Erfolg gewesen wäre. Du analysierst meine Eigenheiten und ich bin froh darüber, so ganz anders zu sein. Dann beschwören wir wieder unser Mantra. Erzählen uns die Geschichte, wie wir uns kennen lernten und all die Dinge, die wir irgendwie zusammen erlebt hatten.

Wir schenken uns haufenweise Zeug, das ich in Kisten aufbewahre, um es später wegzuwerfen oder anzugucken.

Dann sprechen wir darüber, dass wir uns ja alle verändern und, dass das gar nicht schlimm sei. – Und völlig normal. Wir lachen. Ich sage, dass ich sehr froh bin, dich zu kennen und bedanke mich für deine Zeit.

Allerdings habe ich den Eindruck, dass, je mehr ich unsere Freundschaft beschwöre und je mehr ich sie verteidige, die Wahrheit dazwischen verrutscht.

Wie sehr die Wahrheit falsch war, merken wir erst Jahre danach. Als wir versuchen sie immer noch in unseren Erinnerungen zu suchen. Doch mir sind diese Erinnerungen nicht mehr wichtig. Es interessiert mich nicht besonders. Ich nehme mich nicht ernst. Und finde es gut, so wie es heute ist und morgen, so wie es morgen ist.

Ich versuche dir meinen Kopf zu erklären; suche Metaphern, die mir alle misslingen. Du sagst noch einmal, dass ich dein bester Freund bin. Ich frage mich, ob es nicht dumm ist, seine Freunde in adjektivische Kategorien einzuordnen. Ich sage nichts auf deine Bekundung.

Klar sind wir verändert, sagst du noch. Und ich denke mir: Ja, wir haben uns verändert. Aber du bist immer noch im Erdgeschoss und ich bin immer noch im oberen Stockwerk. Du sagst, dass es schon recht sei.

Was bleibt sind haufenweise Geschenke, die ich in einer Kiste aufbewahre. Ich werfe sie weg. Oder schaue sie an. Es bleibt immer das, von dem wir glauben, dass es gemessen an anderen Dingen, den geringsten Wert hat. Aber im Grunde: Mammon bleibt.

Die Wahrheit, die wir nächtelange beschworen, sie war der Betrug, dem wir erlagen.

Der Vorstandschaftsvorsitzende, der sich einen Prinzen hielt

Der Vorstandschaftsvorsitzende saß in seinem Büro, welches sich an der südwestlichen Seite eines Unternehmenskomplexes, mit vier Stockwerken, befand. Sein Schreibtisch stand der Tür gegenüber und parallel zu einer Reihe aus Fenstern, durch die man zwar nach draußen blicken konnte, aber die von draußen keine Blicke nach innen ließen.

Es war Montag und der Vorstandschaftsvorsitzende kümmerte sich um Dinge, um die sich Vorstandschaftsvorsitzende kümmern, wenn es Montag ist.

Vorstandschaftsvorsitzende unterzeichnen Papier, welches sie nicht gelesen haben und telephonieren mit New York. Sie trinken Kaffee mit etwas Milch und zwei Stück Würfelzucker. Dazu nehmen sie eine Mandel, die zunächst in dunkle, etwas herbe Schokolade getaucht und dann in Kakaopulver gedreht wurde. Dann diktieren sie Dinge. Die Sekretärin stenographiert oder hat ein Diktiergerät.

Vorstandschaftsvorsitzende gehen zu Meetings und leiten Anlegerversammlungen. Sprechen kompetent über Rentabilität und Wirtschaftlichkeit. Dabei sind sie gut angezogen.

Die Anzüge haben sich verändert. Sie sind jetzt tailliert geschnitten. Die neuen Anzüge hängen an den Beinen nicht mehr einfach so rum. Denn die Hosen sind jetzt slim. An den Füßen tragen sie bunte Socken in schwarzen und glänzenden Lederschnürschuhen. Sie tragen witzige Krawatten, in der Hoffnung, entspannt zu wirken.

In Meetings geben sie Mappen aus. Darin befinden sich Bilanzen und bunte Graphiken. In einer Art Planwirtschaft versucht man langfristige Ziele zu definieren. Dreißig Prozent mehr Umsatz bis zum Jahr 2018. Vor allem durch den Export. Die Break-even-Points stimmen.

Die anderen klugen Anzüge machen Notizen und nicken, wenn der Vorstandschaftsvorsitzende von nötigen Investitionen in eine Marketingkampagne spricht.

Zu diesem Zeitpunkt ist der Bonus schon auf seinem Gehaltsscheck verbucht.

Der Vorstandschaftsvorsitzende ist immer der letzte im Büro. Selbst sein Diktiergerät ist bereits, vor wenigen Minuten, nach Hause gegangen.

Er hat noch eine Telephonkonferenz mit Boston. Er trinkt stilles Wasser und trägt keine Krawatte mehr. Er sagt, dass er wegen der Zeitverschiebung so lange bleiben müsse und, dass die Sache mit Boston absolute Dringlichkeit hätte. Zu Hause hält er sich einen Prinzen.

Der Prinz sieht ganz anders aus. Er trägt Jeans und weiße Shirts. Er hat Ästhetik studiert und beschäftigt sich mit moderner Kunst. Der Prinz schreibt an einer Doktorarbeit und sitzt in jenem Heim, dass ihm der Vorstandschaftsvorsitzende gekauft hat. Der Prinz sieht den Vorstandschaftsvorsitzenden nur selten. Aber er schickt regelmäßig Geld.

Damals trug der Prinz einen Dreitagebart. In den hatte sich der Vorstandschaftsvorsitzende sofort verliebt. Er machte ihm viele Komplimente. Das gefiel dem Prinzen. Und er bewunderte den Prinzen. Er stellte den Prinzen auf ein Podest. Der Prinz war geschmeichelt.

Wenn der Vorstandschaftsvorsitzende nach Hause kommt, dann schläft der Prinz bereits. Morgens sehen sie sich bei einem Kaffee.

Zu Hause trinkt er den Kaffee so wie ihn der Prinz am liebsten mag. – Nur mit Zucker. Er sagt ihm, wie schön er ist. Das gefällt dem Prinzen und er gibt dem Vorstandschaftsvorsitzenden einen Kuss. Dann verlässt der Vorstandschaftsvorsitzende das Zuhause und sperrt den Prinzen ein.

Dieser bestellt Dinge im Internet, schreibt seitenweise Abhandlungen über grüne Flecke auf weißen Leinwänden. Liest immer nachmittags und geht abends in dunkle Eckkneipen um billigen Rotwein aus für Rotwein unpassenden Gläsern zu trinken, um dabei zu vergessen, dass die Wohnung zwar groß aber leer ist.

Neulich hatte sich der Prinz beschwert, dass er Angst habe, keine Aufgabe mehr zu haben, denn die Doktorarbeit ist beinahe abgeschlossen. Der Vorstandschaftsvorsitzende schenkte ihm eine Katze und noch mehr Geld. Er sagte, dass er ihn bewundert und gab ihm eine Reise nach Paris.

Der Vorstandschaftsvorsitzende wurde noch nie zusammen mit dem Prinzen gesehen. Niemand weiß, dass er sich zu Hause einen Prinzen hält.

Der Vorstandschaftsvorsitzende gibt dem Prinzen Geld, damit er die Einsamkeit vergisst und damit da jemand im Bett liegt, wenn der Vorstandschaftsvorsitzende nach Hause kommt.

Es war irgendein Donnerstag, einer banalen Woche. Wahrscheinlich war es Herbst. Der Prinz weiß das nicht so genau. Der Vorstandschaftsvorsitzende kam bereits vor Mitternacht zurück und der Prinz saß über seinen Büchern. Er trug den Dreitagebart; wie damals. In den sich der Vorstandschaftsvorsitzende verliebte.

Der Prinz saß an einem Tisch. Der Vorstandschaftsvorsitzende saß ihm gegenüber und erzählte von der Arbeit. Der Prinz hörte ihm zu. Dann fragte der Vorstandschaftsvorsitzende den Prinzen, was er denn an diesem Tag erlebt hatte.

Dem Prinzen fiel nichts ein. Er streichelte die Katze und warf ein paar Blicke auf die Bücher, die um ihn herum verteilt waren.

Der Prinz sagte, dass er nicht mehr eingesperrt werden möchte. Darauf antwortete der Vorstandschaftsvorsitzende, dass ein Vorstandschaftsvorsitzender sich überhaupt keinen Prinzen halten dürfe.

Und das 2015.

Der Vorstandschaftsvorsitzende veranlasste am nächsten Tag noch mehr Geld an den Prinzen zu geben. Denn die Einsamkeit war größer geworden.

Das löste das Problem freilich nicht. Aber der Vorstandschaftsvorsitzende stellte den Prinzen wieder auf ein Podest.

Das gefiel dem Prinzen.

Vor drei Jahren machte der Vorstandschaftsvorsitzende einen Kerl von der Uni, in engen Jeans und weiten, weißen Shirts, zum Prinzen. Und das, obwohl er sich überhaupt keinen Prinzen halten darf.

Seitdem muss er ihn einsperren und bezahlen.

Der Prinz ist gerne ein Prinz. Es gefiel ihm, auf einem Podest zu stehen und bewundert zu werden. Die Einsamkeit überschüttete er mit Geld, welches er in falsche Freunde investierte.

Ohnehin geht die Einsamkeit auf vierhundert Quadratmetern verloren. Genauso wie die Katze. Die der Prinz *Chouchou* nannte. Sonst war da ja niemand, den der Prinz so nennen konnte.

€€♥€

Die Gans und der Fuchs

Als dann alles so weit war, gingen wir fort, obwohl wir uns wieder sehen wollten. Weil wir uns gegenseitig in irgendwelche Ecken drängten und es trotz alledem Freiheit nannten. Wir benutzten den anderen, obwohl wir doch nur alleine sein wollten, aber zusammenblieben, um dann schließlich fortgehen zu können. Weil es das war, wie wir Freiheit verstanden hatten. Und unsere Freiheit dabei als einen Fortschritt begriffen. Der keiner war. Weil wir einfach nie Fortschritte machten. Aber ständig zurück blickten. Während ich, in einem nicht enden wollenden Minimalismus, den Mittelpunkt betanzte und du gutaussehende Getränke mit Strohhalmen gehalten hattest, versuchten wir Wärme zu spüren. Dabei hattest du deinen beharrten Körper gegen meinen gedrückt, ohne auch nur einmal über die Freiheit nachzudenken. Dann küsst du mich auf die Oberlippe. Und kannst mir dabei nicht in die Augen schauen. Obwohl ich die deinen suche. Ich versuche dich zu lieben, bis ich kaputt bin. Damit wir uns dann hassen konnten. Weswegen wir fort gingen. Zu anderen. Die uns noch mehr hassten. Trotzdem blieben wir zusammen. Weil wir glaubten, Fortschritte zu machen. Dabei begriffen wir nicht, dass wir die Freiheit kaputt gemacht hatten und, dass nun anscheinend alles so weit war. Das machten wir also, bis wir satt waren. Und du mich schließlich nicht mehr halten wolltest. Du nimmst den Rest von deinem gutaussehenden Getränk und ich nehme den Rest von dir und mein Gepäck. Um wegzugehen. Das ist eben die einzige Freiheit, die ich kenne. Obwohl deine Wärme, die ich vielleicht zehn oder zwölf Mal spürte, besonders war und ich sie vielleicht ganz für mich haben wollte, ließ ich dir etwas von der Freiheit und ging fort, weil ich begriffen hatte, dass dein behaarter Körper keine Freiheit ist.

Big Battle Of Egos

Du machst den ersten Zug. Das Spiel beginnt. Das ist jetzt sieben Jahre her.

0:0

Wir sitzen in einer Bar. Trinken Sekt und Limonade. Du trinkst Sekt. Und ich sitze vor einer Cola Light. Du erzählst von der Zeit, in der wir zusammen Abitur machten. Du erzählst so groß und laut. All die Geschichten, die nicht witzig sind und nicht witzig waren.

Dass dein Ex-Freund schwul wurde, nachdem er mit dir zusammen war. Davon, als ich betrunken bei einer Englischschulaufgabe auftauchte und trotzdem vierzehn Punkt hatte und du nur drei. Du nippst an deinem Sekt. Wie gerne du den früher mochtest. Heute trinkst du Bier. Und erzählst Geschichten, in denen ich keine Rolle mehr habe. Punkt für dich. Eins zu null.

1:0

Wir sitzen in meiner neuen Wohnung. Ich wiege 120,3 Kilogramm. Du sagst, dass du durch deine neue Arbeit ständig abnimmst und essen kannst was du willst.

Ich nehme noch eine Tasse Tee. Du hast mir Pralinen mitgebracht. Ich esse die ganze Schachtel leer. Du erzählst, dass wir uns mit diesen Pralinen quasi kennen gelernt haben. Ich nicke. Die Arbeit ist so ein gutes Training, kommt es über deine Lippen.

Ich verschütte absichtlich Tee. Spiele aber so, als wäre es ein Missgeschick gewesen. Nachdem ich den Tee aufgewischt hatte, bist du erstaunt darüber, dass du vergessen hast, wovon du zuvor sprachst. Ich habe es nicht vergessen. Sage aber, dass ich es auch nicht mehr weiß. Du lachst und sagst: Ja, wir sind schon zwei. Punkt für dich. Zwei zu null.

2:0

Wir sind mit dem Auto unterwegs. Die Musik läuft laut. Wir singen mit. Du kannst den Text nicht. Du sagst, dass wir das früher immer gemacht haben. Dann erzählst du mir von deiner Arbeit. Ich komme in den Geschichten nicht mehr vor. Mein Schweigen interpretierst du als Interesse. Du warst noch nie gut, wenn es um Interpretationen ging. Schon damals in der Schule nicht. Und dein neuer Freund. Du sagst wie, toll er ist und was er alles für dich macht.

Ich sitze daneben, wiege 120,3 Kilogramm und denke darüber nach ins Kloster zu gehen. Punkt für dich. Drei zu null.

3:0

Wir sitzen am See. Du sagst, dass das sehr interessant klingt was ich da so studiere. Dann erzählst du von deiner Arbeit. Und wie gut die Chancen sind, übernommen zu werden. Zwei Jahre später ziehst du um, weil du nicht übernommen wurdest. Und nun wo anders arbeiten musst.

Seitdem ich in der neuen Wohnung bin, warst du einmal hier. Ich lebe jetzt fünfundzwanzig Monate dort.

Du schaffst das nicht mit der Arbeit. Und am Wochenende musst auch arbeiten. Das geht gerade nicht. Ich sage, dass ich das schon verstehe und denke, dass ich den Strom bezahlen muss, aber pleite bin. Gott sei Dank ist Sommer. Ich sage dir, dass ich

Probleme mit dem Geld habe. Du sagst: Ja, das liebe Geld. Eine Woche später lässt du dich tätowieren. Punkt für dich. Vier zu null.

4:0

Du arbeitest und hast nicht mitbekommen, dass ich mein Studium bereits abgeschlossen habe und nun vierhundert Kilometer weiter weg ziehen werden, um ein aufbauendes Studium zu beginnen.

Wir sitzen in jenem Café, indem wir die Wochenenden verbrachten, als wir noch Abiturienten waren. Ich wiege 65,0 Kilogramm. Punkt für mich. Vier zu eins.

4:1

Du machst dir Sorgen, dass mein radikales Essverhalten zur Krankheit wird. Warum die Sorgen, das ist es doch bereits. Du schenkst mir meine Lieblingspralinen. Ich stecke sie in meine Tasche und gebe sie später meinen Eltern. Sie werden sie alle aufessen. Ich werde keine nehmen. Punkt für mich. Vier zu zwei.

4:2

Du trinkst Cola, ich Cola Light und erzählst davon, dass ich mir damals die Fingernägel grün angemalt habe und den Deutschlehrer heiß fand.

Richtigstellung: Ich fand den Deutschlehrer nie heiß. Er war ein Depp. Alle wollten das nur so. Das war in deren Köpfen.

Ich erzähle dir, dass ich bald umziehe; ziemlich weit weg. Du wirst mich noch einmal besuchen kommen. Dann nicht mehr. Wegen der Arbeit. Ich verstehe schon. Mehr habe ich dir nicht zu erzählen.

Du nutzt die Gesprächspause, um von deiner Arbeit zu berichten. Es interessiert mich nicht und ich frage dich, ob wir über etwas anderes sprechen können. Punkt für mich. Vier zu drei. Du bist irritiert und bestehst darauf zahlen zu wollen. Also nein. Wir können nicht.

4:3

Es ist Silvester. Wir sitzen zusammen und reden von früher. Beim Feuerwerk legst du den Kopf an meine Schulter. Wir trinken süßen Sekt und sehen in den Himmel. Bunter Regen. So gut wird es nie wieder werden.

Ich werde pathetisch und denke, dass ich einen Fehler gemacht habe. Nun höre ich dir zu, wenn du von der Arbeit erzählst. Punkt für dich. Fünf zu drei.

5:3

Um vier Uhr morgens umarmst du mich, während ich dich nicht umarme, weil mir nicht danach ist. Punkt für mich. Fünf zu vier. Wir gehen nach Hause.

5:4

Jetzt wohne ich schon dreizehn Monate vierhundert Kilometer weiter entfernt. Ich spiele keine Rolle mehr in deinen Geschichten. Du nicht in meinen. Wir treffen uns auf einen Kaffee.

Du bestellst einen Latte Macchiato und süßt ihn mit acht Löffeln Zucker. Ich denke mir wie ekelig das doch ist. Du lachst und meinst, dass du ihn anders nicht trinken kannst. Ich sage: Dann bestelle doch etwas anderes. Punkt für mich. Fünf zu fünf. Gleichstand.

5:5

Wir reden ungefähr zwei Stunden. Ich spreche von der neuen Stadt, in der ich nun wohne. Es interessiert dich nicht. Du erzählst aber auch nichts von deiner Arbeit. Wir reden über Politik und du sagst, dass das alles Verbrecher seien. Du erzählst, dass du ein Auto bekommst. Ich nicke und trinke meine Tasse leer. Unten liegt noch Kaffeesatz. Ich überlege mir Kulturchampignons zu züchten.

Nach zwei Stunden und siebzehn Minuten verabschieden wir uns. Du fährst zwölf Kilometer nach Hause. Ich vierhundertacht. Deine Fahrt kostet drei Euro. Meine dreißig.

Du schreibst mir eine Textnachricht. Ich schreibe dir, dass ich dein Verhalten scheiße finde. Und dass ich enttäuscht bin. Du schreibst, dass du mich scheiße findest. Ich frage dich warum. Du hast kein Argument. Punkt für mich. Fünf zu sechs.

5:6

Ich schreibe dir nicht mehr zurück und lösche die Nummer aus meinem Verzeichnis. Dabei lache ich und denke mir: Wie kindisch. Und mache es dann trotzdem. Ich frage mich, ob man das *Fuck-you* in mein Lächeln sehen kann, als ich die Löschen-Taste gedrückt hatte. Du spielst zwar nicht mehr mit. Aber. Punkt für mich. Fünf zu sieben.

5:7

Ich stehe auf. Schalte den CD-Player an und tanze. Fünf zu acht. Ich sollte die Punkte doch eigentlich nicht mehr zählen. Es scheint mir sinnlos, seitdem du nicht mehr mitspielst.

5:8

Vor sieben Jahren hast du den ersten Zug gemacht. Das Spiel begann. Wir tranken bunte Limonade. Und lange Zeit sah es so aus, als ob du gewinnen würdest. Doch ich spiele genauso gut wie du. Sieg ███. Ich spiele so viel besser als du. Trotzdem habe ich das Gefühl, das ich nichts gewonnen habe. Punkt für dich. Sechs zu acht.

6:8

Akademische Diskussion

Du sagst: Das hier ist keine Kunst.
Ich entgegne: Aber, dadadadadadadadadada-
dadaDaDaDaDaDaDaDaDaDadAdAdAdAd
AdAdAdAdAdAdAdAdAdadadadadadadada
daDADADADADADADADADADAdAdAdA
dAdAdAdAdAdADaDaDaDaDaDaDaDa
DadadadadadadadadadadadadaDaDaDaD
aDaDaDaDadAdAdAdAdAdAdAdAdAd
AdAdAdadadadadadadadadaDADADADA
DADADADADAdAdAdAdAdAdAdAdAd
ADaDaDaDaDaDaDaDaDaDadadadadadad
adadadadadadaDAdAdAdAdAdAdAdAd
ADaDaDaDaDaDaDaDaDaDadadadadadad
adadadadadadaDaDaDaDaDaDaDaDadA
dAdAdAdAdAdAdAdAdAdAdadadad
adadadadadaDADADADADADADAD
AdAdAdAdAdAdAdAdAdADaDaDaDaDa
DaDaDaDaDaadadadadadadadadadadadad
adadadadadadadadadadadadadadadadada
dadadadadadadadadadadadadadadadada
dadadadadadadadadadadadadadadadada
dadadadadadaDADA.

Dank

Von all meinen Büchern verstehe ich dieses hier vielleicht am wenigsten. Vielleicht weil es aus so vielen Begegnungen besteht. Vielleicht, weil es noch so viele Fragen hat. Aber es entstand in einer guten Zeit.

Zu dieser Zeit hatte ich mit besonderen Menschen zu tun und viele Texte kommen aus der Inspiration im Umgang, im Kontakt, mit diesen Menschen. Diesen Menschen gehört hier der Dank.

Ich danke Anna und Sebastian, für unsere wirklich wundervolle und ereignisreiche Studienzeit in Erlangen und die Zeit danach: Für unsere Gespräche, den Spaß und den Sinn, für den Frust und Ärger, aber vor allem für die Momente, die einem, nachdem sie vergangen waren, zeigten, wie zauberhaft der Augenblick doch war.

Besonders hat mich an euch beiden angerührt, dass ihr da ward. Ihr wisst, dass ich euren Weg gerne noch länger begleitet hätte. Dies gelingt mir nun nicht – zumindest nicht so, wie ich das gerne gewollt hätte – trotzdem bin ich mir sicher, dass ihr ganz groß werden werdet. – Man sollte sich niemals von Kleindenkern einreden lassen, dass die eigenen Ziele zu hoch sind.

Das ist etwas, was ihr mir gelehrt habt. Ich trage es voran. Und schreibe es hier gar auf. Ich danke euch dafür, dass ihr immer wusstet, dass das mit mir und der Philosophie schon werden wird. Selbst als sie Anstalten machte, davon zu schwimmen, ward ihr vom Erfolg überzeugt. Und ihr hattet recht.

Erst eines unserer Erfurt-Erlangen-Wochenenden hat mich dazu inspiriert, Arbeiten aus meiner Studienzeit zusammen zutragen, zu sortieren und in einen Erzählband zu packen. Die besagten Wochenenden, mit unseren Gesprächen, waren sehr bedeutend für mich und zeigten mir vor allem, warum ich diese Texte veröffentlichen wollte. – Es ist Geschriebenes, mit dem ich in eine bestimmte Zeit hineingearbeitet hatte.

Ich danke Romina, einem Menschen, der unnachahmlich inkonsistent ist. Und der mir manchmal schwierige Fragen stellt. Du bist einer der Menschen, die einen schrecklichen

Restaurantbesuch, in einem schäbigen Lokal, zu einem tollen Erlebnis machen. Du machst die längste und langweiligste Autofahrt zu einem unvergesslichen Roadtrip, weil du etwas hast, was jede dämliche Situation zu einem großen Moment macht: Humor.

Und ich danke dir, dass du dir Sorgen machst und nach mir fragst, ob ich gut angekommen bin, wenn ich lange unterwegs war. Auch du hast immer daran geglaubt, dass sich meine Arbeit irgendwann lohnen wird und du warst es, die an meinem Ziel noch festgehalten hatte, nachdem ich es schon aufgegeben hatte.

In einem Jahresbericht unserer Schule, an der wir das Abitur ablegten, erschien in unserem letzten Schuljahr ein Gedicht aus meiner Feder. Diesen Text widmete ich dir – versehen mit den Worten *You left your foodprints in my life*. Das ist jetzt schon über fünf Jahre her; das war 2011. Und heute ist es wohl genauso, obgleich ich denke, dass die Fußabdrücke noch tiefer geworden sind. Danke für deine Malereien, die dieses Buch mitgestalten.

Ich danke meinen Eltern, weil sie mich in allem unterstützen was ich mache. – Ganz egal, ob sie es begreifen oder nicht. Ob sie es für sinnvoll halten oder nicht. Ich danke ihnen für die Unterstützung in meinem Bachelor- und auch im Masterstudium. Gleiches gilt für die Literatur und Kunst. Vielleicht wäre es sicherer nicht Philosoph und Künstler werden zu wollen. Aber es wäre sicher nicht besser.

Abschließend danke ich A. M. – Ich bin mir eines darüber, dass du es hassen wirst, deine Initialen hier zu lesen, aber die Gespräche mit dir haben mich zu weiten Teilen dieses Buches inspiriert. Ich danke dir, für deine Offenheit und dein Vertrauen und dein Gehör.

Aber dann warst du plötzlich verschwunden. Vielleicht bekommst du irgendwann dieses Buch in die Hand. Vielleicht. Ich würde mich dann sehr freuen, wenn du dich melden würdest. Und eines noch: Namen haben keine Bedeutung. Sie bedeuten nichts. Sie sind absolut bedeutungslos.

LOVE!

Autorennotiz

Florian Zach wurde 1991 an der deutsch-tschechischen Grenze geboren. Die Kindheit und Schulzeit verbrachte er im Bayerischen Wald.

Eigentlich wollte er Bildhauer oder ein anderer bildender Künstler werden, beschloss dann aber trotzdem – über Umwege und mit exzessivem Cola-Genuss – das Abitur abzulegen. Im Anschluss studierte er Kulturgeschichte und Buchwissenschaft an der Universität Erlangen. Das Studium setzt er in einem Master-Programm, im Fach Philosophie, an der Universität Erfurt fort.

Im Herbst 2008 gründete er – in völliger Selbstüberschätzung und mit Hilfe eines Bausparvertrages – Dein-Lieblingsbuch Atelier & Verlag. Das ist ein winzig kleines Independent-Verlagsprojekt, welches aus der Not geboren wurde und das mit geringsten finanziellen Mitteln am Leben gehalten wird. Heute steht Dein-Lieblingsbuch, als unabhängiges Label, hinter den literarischen Arbeiten von Florian Zach. Diese widmen sich vor allem der urbanen Wirklichkeit, dem Narzissmus und dem Dada, dem Makro- und Mikrokosmos unserer Gesellschaft und bilden dabei nicht mehr als reflexive Betrachtungen aus einer seltsamen Zeit ab. Vielleicht sind seine Texte nicht immer ganz perfekt. Aber dafür ungemein authentisch.

Seinen Erstling verfasste er im Alter von siebzehn Jahren. Kurz nach seinem achtzehnten Geburtstag erschien das Buch dann, welches auf der Buchmesse in Frankfurt präsentiert wurde. Er schreibt zudem für kleinere Tageszeitungen und arbeitet als Herausgeber von Anthologien. Was sich künstlerisch nicht in einem Text unterbringen lässt, endet als Photographie, Collage, als visuelle Poesie oder in der Performance-Kunst.

Florian Zach besitzt keine Katze.

Im Internet: www.dein-lieblingsbuch.com.

Inhalt